부동산
경매
어렵지 않아요

한 번 읽고 한 채 마련하는

부동산 경매

어렵지 않아요

박수진 지음

알키

다만 보지 않으려고 할 뿐,
우리에겐 늘 희망이 있다

자고 일어나면 하루가 멀다 하고 세상이 바뀌고 있다. 그 변화의 속
도가 너무 빨라서 좇아가려고만 해도 숨이 찰 정도다. 세상은 인간이
살아가기에 편리하도록 급격히 진화하고 있는데 왜 우리의 삶은 갈수
록 오히려 더 힘들어지는 걸까?

2016년 3월 9일. 한국인은 물론 전 세계인들의 뜨거운 관심을 받은
대결이 있었다. 바둑챔피언 이세돌 9단과 구글 딥마인드의 인공지능
바둑 프로그램 '알파고AlphaGo'의 첫 대국이었다. 하지만 인간 바둑챔피
언은 알파고를 이길 수 없었다. 그 소식을 접하면서 쓸쓸해지는 동시
에 조금 두렵기까지 했다.

2016년 기준으로 한국의 청년 실업률은 11%다. 1999년 이후 최고
수준으로 힘든 이 시대에 청년들은 일자리를 얻지 못해 고통스러운 나
날을 보내고 있다. 저성장, 장기불황 시대에 직장을 다니고 있는 이들

도 앞으로의 3, 4년 이후를 장담할 수 없으니 미래가 불투명하기는 마찬가지다. 그 결과 결혼 적령기가 점점 늦어졌고, 연애, 결혼, 출산을 포기하는 젊은이들이 늘어나면서 이들을 가리키는 '3포 세대'라는 말이 생겨났다. 심지어 거기에 더해 내 집 마련과 인간관계를 포기하는 '5포 세대', 꿈과 희망마저 포기하는 '7포 세대'라는 신조어까지 등장했다. 이런 상황에서 알파고라는 인공지능이 세계 바둑챔피언을 이겼다는 소식은 미래의 더욱 많은 일들이 컴퓨터로 대체될 가능성을 보여주는 것이기에, 뛰어난 신기술을 마냥 반길 수만도 없는 것이다.

한국인들의 삶을 더욱 팍팍하게 만드는 것 중 하나는 주거비 부담이다. 앞으로의 부동산 시장이 어떻게 될지 몰라서 내 집 마련을 미루고 있는 사람도 있겠지만, 실제로는 내 집 한 채 마련할 형편이 안 되는 사람들이 굉장히 많다. 이러한 이유로 집을 사기보다 빌려서 거주하는 이들이 늘어나고 1인 가구까지 증가하면서 임대수요가 급격히 상승했다. 지속되는 저금리 가운데 집주인들의 전세보다 월세를 선호하는 현상까지 더해져 서울 지역의 경우 '전세매물은 씨가 말랐다'라는 표현까지 나오고 있다. 이제 월세가격마저 올라가면서 집을 빌려 사는 이들의 주거비용 부담이 더욱 가중되고 있다. 그러니 저축은커녕 당장 먹고살기에도 급급한 상황에 내몰리는 사람들이 점점 늘어나고 있는 현실에서, 결혼과 내 집 마련은 물론 꿈과 희망마저 포기하게 된 청년들의 푸념이 이해가 된다.

꿈과 희망이 뭐 그리 중요하냐고 물을 사람이 있을지도 모르겠다.

그러나 꿈과 희망은 최악의 상황이 닥쳐도 버티게 해주고, 넘어져도 다시 일어나서 걷게 하는 원동력이다. 아무리 노력해도 꿈을 실현할 가능성이 전혀 보이지 않는다면 희망마저 놓아버리고 자포자기하게 되는 것이다. 이러한 상태가 사람을 얼마나 비참하게 만드는지 경험해본 나는 안다. 피나게 노력해도 평범하게 사는 것조차 힘들 것 같은 암담한 현실이 사람을 얼마나 우울하게 만드는지 너무나도 잘 알고 있다.

나는 시골에서 고등학교를 나와 서울에서 대학생활을 하고 졸업했지만, 그 당시 한국은 IMF로 몸살을 앓고 있었다. 그런 상황에 몸에 병이 들어 수술까지 받고 나니 취업할 엄두조차 낼 수 없었다. 세상 시류에 올라타지 못한 나는 한동안 엇박자 인생을 살아야 했다. 내 몸뚱이 하나 편히 누일 공간조차 없어서 차가운 길바닥에 쭈그리고 앉아 몇 시간을 울었던 적도 있다. 젊은 시절의 나는 사방이 캄캄한 가운데 희망의 빛을 찾을 수 없어 절망했다. 무엇보다 사람 구실도 제대로 하지 못하고 있다는 생각이 나를 괴롭혔다.

아이러니한 것은, 가장 절망적인 순간에 평생 아주 유용하게 쓸 수 있는 지식을 접하게 됐다는 것이다. 다름 아닌 부동산경매였다. 큰 선물은 불행의 모습으로 온다는 말에 나는 전적으로 동감한다. 다만 그 선물은 미치도록 찾는 사람의 눈에만 보이는 것이었다. 어떻게든 일어서야 한다는 마음으로 미친 듯이 무언가를 찾아 헤매던 내게 와준 뜻밖의 선물이 부동산경매다. 덕분에 나는 방 한 칸 마련하기도 힘든 상황에서 부동산투자를 시작할 수 있었고 내 집을 마련하게 된 것은 물론, 경제적으로도 조금은 여유로운 삶을 살 수 있게 되었다. 무엇보다 감사한 것은 내게 퇴직 걱정 없이 돈을 벌 수 있는 수단이 생겼다는 것이다.

부동산 시장에 대한 불확실한 전망이 팽배한 가운데 요즘 사람들은 부담스러운 임대료를 떠안을지언정 집을 구입하는 것은 꺼리는 것 같다. 부동산을 구입하는 데 드는 비용도 만만치 않다. 그런데 시세보다 훨씬 저렴한 가격으로 부동산을 구입할 수 있다면 미래에 가격이 떨어질 것을 염려하지 않아도 된다. 혹여 이 부동산을 계속 보유할 수 없는 상황이 생긴다 하더라도 시세보다 낮은 가격에 부동산을 구입했기에 매도하기도 용이하다. 이것이 바로 부동산경매의 핵심이다. 또한 경락잔금대출을 이용할 수 있으니 가진 돈이 많지 않아도 할 수 있다. 부동산의 가치 대비 비용을 생각한다면, 가장 저렴하게 내 집을 마련할 수 있는 확실한 방법이 바로 부동산경매일 것이다.

사실 부동산경매는 일반인들에게 있어 아직까지 낯선 분야다. 부동산경매에서 쓰이는 용어들이 일상에서 거의 쓰지 않는 것들인 데다, 경매 절차도 다소 복잡하다. 그래서 어느 정도 공부를 해야만 할 수 있는데, 바쁜 일상에서 따로 시간을 내서 공부한다는 게 말처럼 쉬운 일은 아니다. 이러한 이유로 부동산경매는 예전에 비해 많이 대중화된 지금까지도 여전히 많은 사람들에겐 접근하기 쉽지 않은 영역으로 남아 있는 것 같다.

그러던 중 출판사로부터 부동산경매의 수많은 장점에도 불구하고 몇 가지 어려운 문제로 경매투자를 하기 어려워하는 사람들을 위한, 단 한 권으로 충분히 부동산경매를 배울 수 있는 쉽고 간략한 책을 집필할 수 있겠느냐는 제안을 받았다. 책 한 권을 읽고 부동산 한 채를 낙찰받을 수 있는 책, 초보자들도 얼마든지 익힐 수 있는 이해하기 쉬운 책을 부탁했다. 처음엔 과연 할 수 있을까 싶었다. 부동산경매와 관련해 경매 초보자들을 위한 친절한 설명이 곁들여진 책이 없는 것도 아니다. 그런데 생소하고 어려운 관련 용어와 반드시 알아두어야 할 유의사항도 많은 부동산경매에 대해 쉽고, 게다가 간략하게 담아보라니! 그러나 시도하고 싶었다. 덕분에 원고를 집필하는 내내 독자의 입장에서 생각하고 상상할 수 있었다.

그렇게 신혼집 마련이 어려워 결혼을 미루고 있는 김평범과 그의 여자 친구 윤지혜 그리고 이 두 사람이 신혼집을 낙찰받기까지 길잡이가 되어주는 나경매 여사라는 가상의 캐릭터가 탄생했다. 가상의 캐릭터이긴 하지만 이 책에 소개된 사례들은 모두 실제 사례다. 다만 독자들이 쉽게 공부할 수 있도록 연도 및 내용은 조금 수정했다. 특히 평범과 지혜가 낙찰받은 물건은 학습의 목적으로 다른 사례와 겹쳐 이야기를 구성했으나 내가 운영하고 있는 부자파로스 카페 회원님의 실제 사례이다. 이 분도 본인의 집을 마련할 목적으로 부동산경매 공부를 시작한 뒤 두 번째 입찰에서 아주 저렴한 가격에 아파트 하나를 낙찰받았다. 그리고 얼마 지나지 않아 좋은 가격에 이를 매도해 수익을 거뒀다. 참고로 경매정보 사이트 활용법에서 소개하는 첫 번째 사례의 경우,

실제 낙찰을 받는 세세한 과정은 이전에 집필한《나는 쇼핑보다 경매 투자가 좋다 2》에서 다룬 바 있다.

열심히 공부해서 시도한다면 누구나 부동산경매로 저렴한 가격에 부동산을 구입할 수 있다. 미국의 작가 폴 스위니Paul Sweeney는 말했다. "진정한 성공은 성공할 수 없을 것이라는 두려움을 극복하는 것이다." 만약 여러 어려운 현실에서 내 집 마련을 포기한 사람이 있다면 용기를 갖고 부동산경매에 도전해볼 것을 감히 제안한다. 다만, 이 책에 나오는 내용만큼은 반드시 숙지한 후 입찰하길 바란다. 책을 읽는 모든 이들에게 신의 축복이 함께하기를 진심으로 기원한다.

마지막으로 이 책을 집필할 수 있도록 기회를 주신 알키 출판사와 관계자분들에게 이 자리를 빌려 감사의 마음을 전한다.

박수진

서문

우리, 신혼집은
어떻게 마련하지?

　서른둘의 3년 차 직장인 김평범은 요즘 너무 머리가 아프다. 5년째 연애 중인 여자 친구 윤지혜와 결혼을 해야 하는데, 도무지 답이 나오지 않기 때문이다. 부자 아빠도 없는 데다 취업까지 늦어져 가뜩이나 모은 돈도 없는데, 직장 선배와 친구들 추천으로 펀드와 주식을 했다가 오히려 손해만 입었다. 그렇다고 열심히 영어 강사로 일하면서 자신의 청혼만 기대하고 있는 여자 친구 지혜를 마냥 기다리게 할 수만도 없다. 하루라도 빨리 지혜와 결혼해서 둘만의 보금자리에서 행복하게 살고 싶은 건 그도 마찬가지다. 그러나 겨우 마련한 전세 보증금으로 원룸에 살고 있는 현실에서 둘이 살 만한 그럴 듯한 신혼집을 마련한다는 건 꿈만 같은 일.

　평범은 매월 받는 급여로 착실하게 적금이라도 해보자고 마음을 다잡았지만, 초저금리 시대에 저축만 해서는 평생 집을 마련할 수 없다는 결론에 이르자 한숨만 흘러나온다.

이런저런 걱정과 고민이 점점 눈덩이처럼 불어나 평범의 어깨를 짓누른다. 애써 아무 일도 없는 듯 회사를 다니고, 웃으며 부모님을 대하는 평범이지만 주말에 마주한 아들의 얼굴에 스치는 우울한 기색을 그의 어머니는 놓치지 않았다. 평범의 어머니는 아들을 불러 메모지 한 장을 내밀었다.

"엄마 고향 친구야. 얘가 예전부터 부동산경매*라는 걸 해왔는데, 너한테 도움을 줄 수 있을 것 같다. 내가 말해두었으니 한번 만나보렴."

> 부동산경매 : 채무자*가 돈을 갚지 않을 경우 채무자의 부동산을 경매 법원을 통해 처분하는 행위
> 채무자 : 채무를 가진 사람. 빚을 지게 된 사람

평범은 얼떨결에 어머니로부터 메모지를 받긴 했지만 어쩐지 '경매'라는 말에 마음이 썩 내키지 않았다. 무심하게 수첩 한쪽에 메모지를 꽂아둔 채, 그는 곧 그것을 잊어버렸다.

*

카페 테이블 맞은편에 앉아 있던 윤지혜가 고개를 돌렸다. 창밖으로 하늘을 올려다보는 그녀의 양미간에 주름이 잡혔다. 화가 날 때 드러나는 그녀의 버릇이었다. 다가오는 명절에 함께 양가 부모님께 인사드리자는 그녀의 제안에 대답 없이 입을 다문 평범 때문에 속이 상한 것

이다. 한동안의 침묵을 깨고 평범이 말문을 열었다.

"우리가 결혼하려면 살 집이 있어야 하는데, 아직 준비가 안 됐다는 걸 너도 알잖아."

"나도 알아. 그런데 내가 화가 나는 건 준비가 안 돼서가 아니라, 자기가 그 문제를 적극적으로 해결해보려고 하지 않기 때문이야. 함께 머리를 맞대고 힘을 모으면 어떻게든 방법이 생기지 않겠어? 그런데 아무런 시도도 해보지 않고 그저 안 된다고만 하는 그 태도가 정말 싫어."

지혜는 핸드백을 들고 자리에서 일어섰다. 평범도 길게 한숨을 내쉬며 그녀를 따라 일어났다. 요즘 들어 부쩍 만날 때마다 결혼 문제로 다투다 서로 마음을 다치는 일들이 많이 생기는 것 같았다. 카페에서 나온 지혜는 인사도 없이 어디론가 걸어갔다. 지혜의 뒷모습을 잠시 바라보던 평범도 돌아섰다.

*

"어떻게든 방법이 생기지 않겠어? 그런데 아무런 시도도 해보지 않고…."

전등도 켜지 않은 채 침대에 드러누운 평범의 귓가에 지혜의 목소리가 울리고 있었다. 불현듯 어머니의 메모지가 떠올랐다. 책상 스탠드의 불을 켜고 수첩을 펼쳤다. 나경매 여사의 연락처가 보였다.

머릿속이 혼란스러웠다. 매달 들어오는 급여에서 카드대금, 교통비, 학자금 대출금, 각종 할부금이 빠져나가면 거의 남는 게 없었다.

분명 남들 못지않게 열심히 일을 하고 있는데도 저축은커녕 항상 돈이 부족했다. 설상가상으로 몇 년 사이 원룸의 전세보증금이 계속 오르다 보니 평범은 점점 더 좁고 낡은 집을 찾아 이사를 떠나야 했다. 이런 상황에서 결혼이라니! 혼자 살 만한 방 하나 구하기도 벅찬데 신혼집을 어떻게 마련할 수 있을까? 자식 뒷바라지하느라 노후 준비도 못 한 부모님께 손을 벌릴 수도 없었다. 하지만 지혜 말대로 아무것도 시도해보지 않고 현실을 부정하며 탓하고 있을 수만도 없지 않은가? 평범은 지혜에게 전화를 걸었다.

"아까는 미안했어. 자기 말대로 아무것도 하지 않고 현실 탓만 하고 있었던 것 같아. 그래서 말인데…"

부동산경매로 신혼집을 장만해보자는 말이 쉽게 나오지 않았다.

"뭐야? 뭔데 그래?"

그녀의 계속되는 추궁에 평범은 어머니가 경매로 집을 싸게 장만해보라며 친구를 소개해주었다는 말을 꺼냈다. 핀잔이 돌아올 거라 예상했는데, 지혜의 반응은 의외였다. 그녀는 명랑한 목소리로 말했다.

"부동산경매? 그거 좋은 생각 같아. 내 친구도 얼마 전에 경매로 아파트를 하나 싸게 낙찰*받았어. 원래 집은 무척 엉망이었는데 걔가 직접 내부도 수리하고 새롭게 인테리어를 하니까 정말 멋

낙찰 : 입찰자* 중 가장 높은 금액을 쓴 사람에게 물건*이 돌아가도록 결정되는 것

입찰 : 경매에 나온 물건에 대해 희망하는 가격을 제시하여 매수하고자 하는 행위

입찰자 : 경매에 참여하는 사람

물건 : 경매로 나온 부동산, 자동차, 비행기 등과 같은 물품 혹은 물체

진 집이 된 거 있지? 그 사이 아파트 가격도 올랐대. 나도 그 친구 이야기를 들으면서 한번 해보고 싶다는 생각이 들었는데, 경매에 대해 전혀 모르다 보니 엄두가 나지 않았거든. 주변에 물어볼 사람도 없고."

지혜가 다소 반기는 목소리로 친구 이야기를 하자, 평범의 심장이 조금씩 뛰기 시작했다.

"아, 그건 걱정 안 해도 돼. 어머니 친구가 오랫동안 부동산경매를 해오셨다니 우리를 도와주실 수 있을 것 같아. 우리 그럼 경매로 집을 한번 구해볼까?"

"그럼, 물론이지! 처음부터 제대로 배워서 해볼 수 있다면 정말 좋을 것 같아. 난 대찬성이야."

지혜와 통화를 마친 평범은 바로 나경매 여사에게 전화를 걸었다. 수화기 저편에서 나 여사의 밝은 목소리가 들려왔다. 그녀는 힘든 시절 평범의 어머니로부터 많은 도움을 받았다며, 이에 대한 보답의 마음으로 부동산경매를 제대로 가르쳐주겠다고 이야기했다. 흥분된 마음을 다소 누그러뜨리며 평범이 조심스럽게 물었다.

"여사님. 그런데 사실 제가 가진 돈이 많지 않습니다. 지금 살고 있는 원룸의 보증금 7,000만 원이 전부인데요. 이 돈으로 부동산경매를 할 수 있을지 모르겠습니다."

풀이 죽은 평범의 목소리에 나경매 여사가 웃으며 대답했다.

"그럼요. 그 돈으로도 충분히 할 수 있어요. 저는 거의 무일푼일 때 시작했답니다. 사실 부동산경매는 500만~1,000만 원 정도의 자금만 있어도 시도할 수 있습니다.”

나 여사의 대답에 평범은 자신의 어깨를 짓누르고 있던 바위 하나가 떨어져 나가는 것 같았다.

“정말 다행이네요. 집을 마련하려면 엄청난 돈이 있어야 하는 줄 알고 많이 주저했거든요. 그런데 지금 갖고 있는 돈으로도 집을 장만할 수 있다니! 아직까지 잘 믿기지는 않지만 그렇게만 될 수 있다면 정말 좋겠습니다.”

나경매 여사는 평범뿐 아니라 지혜도 함께 공부하는 것을 흔쾌히 수락해주었다. 그들은 1개월 동안 주말마다 만나서 부동산경매를 공부하기로 했다. 처음엔 너무 짧은 기간에 그 어려운 경매를 제대로 배울 수 있을지 걱정했지만, 나 여사는 집중해서 열심히 공부하고 배운다면 충분히 신혼집을 낙찰받을 수 있을 정도의 실력을 갖출 수 있다며 격려해주었다.

평범은 나 여사에게 앞으로 열심히 하겠다며 인사하고 전화를 끊었다. 나경매 여사와 함께 공부할 수 있게 되었다는 소식을 들은 지혜도 매우 기뻐했다. 그렇게 두 사람의 신혼집 낙찰받기 프로젝트가 시작되었다!

Chapter 3
똑소리 나게 임장하기

Chapter 4_
이제 입찰해볼까?

Chapter 5
세상에, 신혼집이 생겼다!

Chapter 1 ·····································

"집은 인간이 살아가는 데 필수적인 의식주 중 하나인 데다 단돈 몇천 원, 몇만 원도 아닌 몇천만 원에서 몇억 원까지 하는 것이잖아. 그런데 왜 우리는 살면서 한 번도 좋은 부동산을 고르는 방법을 배워본 적이 없는 걸까?"

나에게도 집이 필요해

"생각이 현실이 된다."

로버트 콜리어Robert Collier의 《나를 부자로 만드는 생각》 중

01

내게 꼭 맞는 집
고르기

    나경매 여사와 만나기로 한 장소는 신촌의 한 스터디룸이었다. 조용하게 공부를 하기 위해 카페 대신 선택한 것이었다. 스터디룸에 들어서자 먼저 도착해서 기다리고 있던 나경매 여사가 그들을 맞이했다. 나 여사는 평범이 상상했던 이미지와는 많이 달랐다. 부동산투자로 돈 좀 벌었다고 하면 으레 떠올리게 되는 화려한 복부인의 모습이 아니었다. 옅은 화장과 수수한 차림새의 그녀는 오히려 평범하고 털털해 보였다. 서로 반갑게 인사를 주고받은 뒤 그들은 자리에 앉았다.

    "부동산경매가 무엇인지는 어느 정도 알고 있죠? 한 달 동안 우리는 평범과 지혜 씨가 함께 살게 될 보금자리를 찾아볼 거예요. 목적은 분명합니다. 두 분이 살고 싶은 집을 찾아서 가장 저렴한 가격에 이를 낙찰받는 것이죠!"

설렘과 기대감에 지혜의 얼굴이 다소 상기된 듯 보였다. 그런 그녀의 얼굴을 보며 평범도 덩달아 마음이 들떴다.

● ● ● 괜찮은 부동산 검색하는 법

"첫 번째로 알아야 할 것은 괜찮은 부동산을 검색하는 방법입니다. 살고 싶은 집을 저렴하게 낙찰받고 싶다면, 제일 먼저 어떤 부동산이 경매로 나왔는지 그 정보를 찾아야겠지요. 그럼 이러한 정보는 어디에서 볼 수 있을까요? 일반적인 매매의 경우 부동산 중개소를 찾아가면 되겠죠. 중개인에게 원하는 조건의 부동산을 이야기하면 그 조건에 맞는 집을 보여줄 겁니다. 하지만 부동산경매의 경우 방법이 다릅니다. 경매로 나온 부동산을 찾으려면 대법원 법원경매정보 사이트나 경매정보 사이트, 경매정보지 등을 활용해야 합니다. 그곳에서 마음에 드는 조건으로 검색해 부동산을 골라야 하지요."

나경매 여사는 노트북에 인터넷 창을 띄웠다. 그리고 포털 사이트 검색창에 '대법원 법원경매'라고 입력한 뒤 사이트(http://www.courtauction. go.kr)에 접속했다.

"대법원 법원경매정보 사이트에서는 누구나 무료로 경매에 나온 부동산 물건들을 열람할 수 있어요. 하지만 초보자들이 이용하기엔 다소 어려울 수 있지요."

나경매 여사는 다시 또 다른 창을 열었다.

"여기는 회원가입을 한 뒤 사용료를 지급해야 볼 수 있는 유료 경매 정보 사이트입니다. 한눈에 볼 수 있도록 잘 정리되어 있죠?"

"정말 그렇네요. 처음에 보여주신 대법원 법원경매정보 사이트는 너무 복잡해서 어떻게 부동산을 골라야 하나 암담했는데, 여긴 훨씬 낫네요. 그런데도 저희처럼 완전 초보자들에게는 이 사이트도 이용하기에 쉬워 보이지는 않는걸요."

평범이 난감한 표정을 지으며 말했다.

"무슨 일이든 처음엔 어렵게 느껴지는 법이죠. 부동산경매를 공부하기 시작하면 모든 것이 생소하고 용어도 낯설어서 어렵다는 생각이 들 겁니다. 하지만 몇 번 보다 보면 생각보다 금방 익숙해지니까 지나치게 걱정할 필요는 없어요. 그리고 이 대법원 법원경매정보 사이트와 유료 경매정보 사이트가 아니더라도 경매정보지를 신청해서 받아볼

| 목기 | 서울남부지방법원 | 대법원바로가기 | 법원안내 | | 가로보기 | 세로보기 | 세로보기(2) | 세로보기(3) |

2007 타경 1573 * (임의)	매각기일 : 2008-01-15 10:00~ (화)	경매1계 02-2192- ****

소재지	(083-02) 서울특별시 구로구 구로동 97- **** [도로명주소] 서울특별시 구로구				
물건종별	오피스텔(주거)	채권자	한국외환은행	감정가	120,000,000원
대지권	8.18㎡ (2.47평)	채무자	강××	최저가	(64%) 76,800,000원
전용면적	45.12㎡ (13.65평)	소유자	강××	보증금	(10%) 7,680,000원
사건접수	2007-07-19	매각대상	토지/건물일괄매각	청구금액	15,181,171원
입찰방법	기일입찰	배당종기일	2007-10-05	개시결정	2007-07-23

물건현황/토지이용계획	면적(단위:㎡)	경매진행/감정평가	임차인/대항력여부	등기부/소멸여부
구로중학교 북동측 인근에 위치 중·소규모 점포 및 근린생활시설 업무용빌딩 각급학교 금융기관 관공서 등이 혼재 차량 진출입이 가능 인근에 노선버스 및 마을버스 정류장 대림역(2호선)이 위치 남동측 노폭 약12미터 내외의 아스팔트 포장도로와 접합 일반상업지역 도로(접함) 이용상태(원룸식1 거실 및 주방1 욕실 겸 화장실1 보일러실1)	[대지권] 구로동 97-* 외1필지 647.4㎡ 분의 8.18㎡ 8.18㎡ (2.47평) [건물] 오피스텔(주거) *층 *호 45.12㎡ (13.65평) 12층 건중 5층 보존등기 :2005-04-04	[진행] 2007-11-05 신건 120,000,000원 유찰 2007-12-10 2차 96,000,000원 유찰 2008-01-15 3차 76,800,000원 매각 박수진/입찰24명/낙찰 101,111,000원(84%) 배당종결된 사건입니다. 📄 매각물건명세서 📄 예상배당표	배당종기일: 2007-10-05 김 *경 없음 전입 : 2006-03-13 확정 : 2006-03-13 배당 : 2007-08-01 보증 : 70,000,000원 점유 : **호 전부 배당금 : 70,000,000원 전액배당 소멸예상	소유권 이전 2005-04-04 집합 배 ** 외 보존 소유권 이전 2006-03-06 집합 강래 * 매매 (근)저당 소멸기준 2006-03-09 집합 한국외환은행 19,500,000원 가압류 소멸 2006-12-11 집합 산곡신용협동조합 299,862,108원 압류 소멸 2007-02-01 집합 구로세무서

출처 : 스피드옥션

수도 있답니다."

나경매 여사는 가방에서 경매정보지를 꺼내 두 사람에게 보여주었다. 종이에 인쇄된 정보지는 컴퓨터를 능숙하게 활용하지 못하는 이들에게 유용할 것 같았다.

"그런데 여기서 반드시 기억해두어야 할 것이 있어요. 경매정보 사이트나 경매정보지는 사람들이 경매로 나온 부동산에 관한 여러 가지 정보들을 열람하기 쉽도록 만들어놓은 것이지만, 여기에 나온 정보 내용이 100% 정확하다고 볼 수는 없다는 겁니다. 간혹 잘못 기재된 내용도 있고, 여러 가지 여건상 권리분석*을 잘못한 경우도 있을 수 있습니다."

"네? 잘못된 정보도 있다고요? 만약 잘못된 정보로 인해 손해를 입게 되면 어떻게 해요? 몇 만 원짜리 신발을 사도 정보가 잘못된 것이었다면 교환하거나 환불을 받을 수 있잖아요. 그런데 부동산은 그 단위가 몇천만 원, 몇억 원인데 오류가 생길 경우 정보 제공업체가 손해배상을 해주어야 하지 않나요?"

평소 꼼꼼하고 딱 부러진 성격의 지혜가 난색을 드러내며 물었다. 나 여사는 고개를 저으며 말했다.

"오류가 있었다 해도 경매정보 사이트나 경매정보지 업체에서는 법적 책임을 지지 않아요. 지혜 씨 말처럼 부동산경매는 몇천 원, 몇만

권리 : 어떤 일이나 요구를 할 수 있는 힘이나 자격

권리분석 : 물건과 관련된 권리들에 대한 분석. 인수*되는 권리나 금액이 있는지를 분석하는 행위

인수 : 권리가 소멸되지 않아 낙찰자*가 그것을 떠안게 되는 것

낙찰자 : 경매에 나온 물건에 입찰한 사람들 중 희망 가격을 가장 높게 쓴 사람. '최고가매수신고인'이라고도 한다.

원, 몇십만 원짜리 물건을 구입하는 것과는 차원이 다릅니다. 그래서 더욱 이것저것 따져보고 꼼꼼히 알아본 뒤 시작해야 해요. 이러한 이유로 부동산경매를 하려면 반드시 해당 부동산의 권리관계를 분석할 줄 알아야 하고 현장조사도 해야 합니다. 기재되어 있는 내용에 오류가 있는 건 아닌지 대법원 법원경매정보 사이트에 나오는 내용과 대조해본 다음 입찰해야 안전합니다."

나경매 여사는 스터디룸 한쪽에 있던 화이트보드에 이렇게 적었다.

> 경매정보 사이트에 나오는 내용은 입찰 전 반드시
> 법원경매정보 사이트의 내용과 비교해 확인한다.

"경매정보 사이트의 경우 비용을 지급해야 한다는 단점이 있긴 하지만 이용하기에 편리한 점이 많습니다. 이렇게 말하면 제가 특정 경매정보 사이트를 홍보하는 것처럼 들릴지도 모르겠군요? 하지만 부동산경매를 하는 대부분의 사람들이 도움을 얻는 사이트이기에 설명을 한 거랍니다. 오해하지 마시고요!"

나경매 여사의 말에 평범과 지혜가 웃으며 고개를 끄덕였다.

"부동산경매로 집을 구하려면 먼저, 해당 부동산의 권리 관계가 적혀 있는 '등기사항전부증명서(등기부)*'를 반드시

등기 : 부동산에 관련된 권리를 등기부에 적는 행위 혹은 적어놓은 것

등기사항전부증명서 : 부동산의 소유권과 부동산에 관련된 권리들이 등기된 것을 증명하는 문서. 등기부등본의 명칭이 '등기사항전부증명서'로 바뀌었으나 보다 익숙한 '등기부'라는 단어를 사용했다.

확인해야 합니다. 대법원 법원경매정보 사이트에서는 인터넷등기소 등을 통해 각각의 부동산 등기부를 하나씩 찾아서 열람해야 하고, 소액이긴 하지만 이때마다 결제를 해야 하는 번거로움이 따릅니다. 반면, 경매정보 사이트에서는 각 부동산 정보에 등기부가 기본적으로 첨부되어 있고, 그 밖에 필요한 여러 서류들을 바로 열람할 수 있어서 여러모로 편리하지요. 그럼, 대법원 법원경매정보 사이트와 경매정보 사이트를 보면서 그 활용법에 대해 살펴볼까요?"

● ● ● 경매정보 사이트를 활용하라

"앞에서 말했듯 대법원 법원경매정보 사이트에서는 부동산을 검색하고 정보를 살펴보는 데 다소 불편함이 따릅니다. 하지만 가장 신뢰할 만한 곳이죠. 그래서 입찰할 물건을 선택했다면 최종적으로 대법원 법원경매정보 사이트에서 정보를 대조하고 확인해야 한다고 말한 겁니다. 부동산경매에 필요한 서식을 언제든지 다운받아서 사용할 수 있다는 것도 장점입니다. 만약 대법원 법원경매정보 사이트를 활용하는 방법을 모른다면 필요한 서류가 있을 때마다 매번 법원에 가야 할 거예요. 무엇보다 좋은 것은, 부동산을 낙찰받은 후 법원의 진행 상황을 이 사이트에서 얼마든지 확인할 수 있다는 것입니다."

나경매 여사는 노트북 모니터에 다시 대법원 법원경매정보 사이트

화면을 띄웠다.

"법원경매정보 사이트에서 물건을 검색하고 싶다면, 다음과 같이
하면 됩니다."

| 대법원 법원경매정보 사이트 이용법 |

❶ 사이트 메인 화면의 상단 카테고리에서 [경매물건]의 [물건상세검색]을 클릭한다.

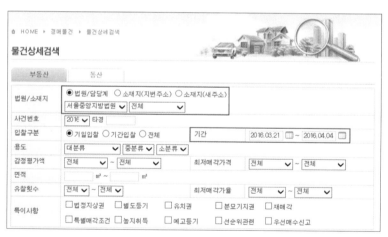

❷ [물건상세검색] 페이지에서 관심 있는 법원 혹은 소재지를 선택한 후 상세한 기간을 설정
해 열람한다.

❸ 이 밖에도 메인 화면 중앙의 [빠른물건검색]에서 지역을 설정한 후 검색해서 열람할 수 있다.

| 부동산경매에 필요한 서식 다운받는 법 |

❶ 대법원 법원경매정보 메인 화면에서 [경매지식]의 [경매서식] 버튼을 클릭한다.

❷ 부동산경매신청서부터 기간입찰표까지, 필요한 경매 관련 서류를 다운받아 사용할 수 있다.

"경매정보 사이트에서 부동산을 검색하는 방법도 대법원 법원경매정보 사이트에서 검색하는 것과 크게 다르지 않습니다. 이제부터 제가 예전에 낙찰받은 물건을 사례로, 경매정보 사이트에서 어떻게 내용을 보면 되는지 설명할게요. 참고로 이 물건은 약 1억 100만 원에 낙찰받았어요. 기타 비용을 더해 총 1억 500만 원 정도가 필요했죠. 다만 이 부동산에는 현재 8,000만 원의 대출이 있는 상태이고, 보증금 5,000만 원에 월세 48만 원을 내는 임차인이 있답니다(현 시세는 보증금 5,000만 원/월세 60만 원. 임차인의 사정으로 월세를 적게 받고 있다). 대출이자로 대략 월 24만 원 정도가 나가고 있고요. 이 사례를 보며 경매정보 사이트의 내용이 어떻게 구성되어 있는지 각 항목에 대해 공부해봐요."

나경매 여사의 설명을 듣던 평범이 노트에 숫자들을 적었다. 나 여사의 투자 수익률을 계산하기 위해서였다. 그런데 계산이 잘 되지 않았다. 곁에서 이를 들여다보던 지혜가 말했다.

"평범 씨, 계산할 필요도 없잖아. 먼저 대출을 8,000만 원 받았으니까 1억 500만 원에서 이를 빼면 약 2,500만 원의 현금이 들어간 상태고, 이후 임차인으로부터 5,000만 원의 보증금을 받았으니 현금으로 투자한 금액 2,500만 원은 전액 회수된 거지. 그러니 계산할 것도 없이 수익률은 무한대!"

"무한대?"

"응! 이미 투자한 금액은 회수된 상태이기에 부동산을 매도*하기 전까지는 월세를 받고 있는 한 월세에서 대출이자를 뺀 금액으로 매월

수익을 얻게 되니 수익률이 무한대가
되는 것이지. 최종 수익률은 나중에 이
부동산을 매도할 때나 정해지겠지?"

"우와! 그렇구나."

평범은 자본금 없이도 부동산을 매입*할 수 있고 수익을 낼 수 있다는 말을 들어본 적은 있었지만 실제 이렇게 되는 물건이 있다는 것을 눈으로 보면서도 실감이 나지 않았다.

출처 : 스피드옥션

"물건을 검색하다 보면 각 경매정보 사이트 업체에 따라 조금씩 양식이 다르긴 하지만 대체적으로 다음과 같은 내용으로 구성된 결과가 나옵니다. 각 항목에 대한 용어 설명을 붙여놨으니 꼼꼼히 살펴보세요. 한 번에 모두 이해할 수는 없겠지만 필요할 때마다 참고하면 도움이 될 거예요."

나경매 여사는 그들에게 인쇄물을 나누어준 뒤 각 사항들에 대해 설명하기 시작했다.

2007타경* 157X
서울특별시 구로구 구로동 9X-XX외 1필지*, X층 XXX호

물건용도*	오피스텔 (18평형*)	감정가	120,000,000원	구분	입찰기일*	최저매각가격*	결과
				1차	2007.11.05.	120,000,000원	유찰*
토지 및 대지권*	8.18㎡ (2.474평)	최저가	76,800,000원 (64%)	2차	2007.12.10.	96,000,000원	유찰
				3차	2008.01.15.	76,800,000원	유찰
건물면적	45.12㎡ (13.649평)	보증금	7,680,000원 (10%)	낙찰 : 101,111,000원 (84.26%) (입찰 22명, 낙찰자 : 나경매 여사) 매각결정기일* : 2008.01.22.- 매각허가결정* 대금납부 : 2008.02.22. 배당기일* : 2008.03.21. 배당종결* : 2008.03.21.			
매각물건	토지 건물 일괄 매각	소유자*	강XX				
개시결정*	2007.07.23.	채무자	강XX				
사건명*	임의경매*	채권자*	한국외환은행				

타경 : 법원에서 부동산경매 사건에 붙이는 명칭. 부동산이든 자동차든 경매가 진행되면 사건번호가 부여된다. 경매로 진행되는 사건번호에는 '타경'이라는 명칭이 붙는다. 2007-157×로 표시되기도 하지만 '2007타경 157×'라고 부른다. 간혹 한 사건에 여러 개의 물건이 경매로 진행되면 2007타경 157× (1) 혹은 (2) 같은 물건번호가 붙는다. 물건번호가 있는 경우 반드시 물건번호까지 기재해야 한다. 기재하지 않았을 경우 입찰이 무효가 되므로 유의해야 한다.

필지 : 구획된 토지를 세는 단위

물건용도 : 물건이 어떤 용도로 사용되고 있는지를 알 수 있다. 아파트, 오피스텔, 다세대, 연립 등으로 구분된다.

평형 : 주거면적과 주거공용면적을 포함한 면적

대지권 : 건물의 대지에 관하여 가지는 권리

토지 및 대지권 : 해당 부동산의 토지 면적 혹은 건물이 갖고 있는 대지권의 면적

건물면적 : 해당 부동산 건물의 면적. 평형대가 아닌 전용사이즈*. 건물 내부의 실제 면적이기 때문에 내부 크기를 가늠해볼 수 있다.

전용사이즈 : 실제 주거면적의 크기

매각물건 : 경매로 처분되는 물건. 매각되는(경매 진행되는) 물건을 확인해볼 필요가 있다. 이 물건의 경우 부동산의 건물과 토지(대지권) 부분이 함께 매각된다. 간혹 건물만 혹은 토지만 따로 매각되는 경우가 있으므로 유의해야 한다.

개시결정 : 무언가를 시작하겠다고 결정한 것 혹은 하는 것. 해당 부동산의 경매를 진행하기로 결정하고 그 결정된 사항을 등기부에 기재한

날을 '개시결정일'이라고 한다.

사건명 : 경매에는 두 가지 사건명이 있다. 임의경매와 강제경매*이다. 경매를 신청할 수 있는 채권자가 경매를 신청한 경우를 임의경매라고 하고, 경매를 신청할 수 없는 채권자가 판결을 받아 경매를 신청한 경우 강제경매가 된다.

임의경매 : 어떤 사람이나 은행이 누군가에게 부동산을 담보*로 하여 돈을 빌려주었다면 나중에 돈이나 이자 등을 받지 못하는 경우 재판을 통한 판결 없이도 담보된 부동산에 대해 바로 경매신청을 할 수 있다.

담보 : 채권자에게 돈을 빌릴 때 채무자가 돈을 갚지 않을 경우를 대비하여 채권자에게 제공하는 어떤 것

강제경매 : 경매를 바로 신청할 수 없는 자가 채무자의 부동산에 대해 판결을 받아 경매신청을 하는 것

감정가 : 경매가 진행되는 물건에 대해 법원이 감정한 가격. 한 부동산에 대해 경매 진행이 결정되면 경매법원은 부동산에 대한 감정을 하게 된다. 그때 책정되는 가격이 감정가이다. 이 감정가는 경매의 시작가가 되며, 이를 바탕으로 최저매각가격이 결정된다. 시세와 차이가 있을 수 있으므로 유의해야 한다. 입찰자는 항상 최저매각가격 이상으로 입찰가를 써야 한다.

최저매각가격 : 부동산이 매각될 수 있는 가장 최저의 가격. 입찰가는 이 최저매각가격 이상으로 써야 한다. 경매진행 시 입찰자가 없으면 유찰된다. 이후 2차 경매가 진행되는데 이때는 첫 가격에서 20~30% 낮춰진 가격으로 최저매각가격이 다시 정해진다. 또 유찰되면 3차는 2차 최저매각가격에서 20~30% 낮춰져 또다시 최저매각가격이 정해진다. 이 물건의 경우, 유찰될 때마다 20%씩 낮춰졌는데 두 번 유찰되어 3차

경매가 진행됐다. 참고로, 저감률은 법원에서 정한다.

유찰 : 입찰기일에 아무도 입찰하는 사람이 없어 다음 입찰기일로 넘어가게 되는 것. 다음 입찰기일에는 법원이 정한 비율의 금액만큼 최저매각가격이 낮추어져 진행된다.

입찰보증금 : 입찰을 하기 위해선 경매법원에서 제시하는 보증금을 제공해야 한다. 일반적으로 최저매각가격의 10%이나, 재경매 시 최저매각가격의 20~30%로 입찰보증금액이 정해지기도 한다. 낙찰받은 후 잔금을 납부하지 못할 경우 이 입찰보증금액은 돌려받지 못한다.

소유자 : 부동산의 현재 소유자를 말한다. 일반적으로는 소유자가 채무자이지만, 간혹 해당 부동산을 담보로 다른 사람의 채무를 졌을 경우처럼 소유자와 채무자가 다른 경우도 있다. 이때 낙찰을 받고 소유권을 이전받는 데는 아무 문제가 없다.

채권자 : 다른 사람에게 어떤 행위를 청구할 수 있는 권리를 가진 자. 여기서 채권자는 경매를 신청한 사람 혹은 은행 등을 말한다. 부동산경매에서의 채권은 자금을 마련하기 위해 발행하는 채권과는 의미가 다르다.

입찰기일 : 경매가 실시되는 날. 즉 입찰할 수 있는 날로서 다른 말로 '매각기일'이라고도 한다.

매각 : 물건을 팔거나 처분하는 것. 압류나 담보된 재산 혹은 물건을 금전으로 바꾸기 위해 처분하는 행위

매각결정기일 : 부동산이 매각(낙찰)되고 어느 일정기간 동안 (일반적으로 일주일) 특별히 잘못된 사항이 없는지를 확인한 후 그런 사항이 없는 경우 낙찰이 된 것을 결정하는 일자. 일반적으로 매각절차에 문제가 없다면 낙찰받고 일주일 후에 낙찰 허가(매각허가)결정이 나며, 문제가 있다면 매각결정기일에 불허가결정이 난다.

매각허가결정 : 물건을 낙찰받은 사람에게 매각을 허가하는 결정

대금납부 : 물건을 낙찰받은 사람이 입찰한 금액을 납부하는 것. 실제로는 입찰보증금을 제외한 금액을 납부한다고 해서 '잔금납부'라고도 한다.

배당기일 : 물건을 낙찰받은 사람이 대금납부를 하면 그 금액으로 돈을 받을 사람들에게 배당(변제)을 해주게 되는데, 법원으로부터 배당받을 수 있는 사람들이 배당받는 날을 뜻한다.

배당종결 : 배당절차가 끝났다는 의미. 법원에서 배당금을 나누어 주었다는 표시이며, 모든 절차가 끝났음을 의미한다.

사진	건물등기*	감정평가서*	현황조사서*	문건*/송달*내역	매각물건명세서*

건물등기 : 건물에 관한 등기부. 유료 사이트에서 올려 놓은 건물 등기부이다. 버튼을 클릭해서 열람할 수 있다.

감정평가서 : 법원에서 경매로 나온 부동산(물건)을 감정평가사를 통해 감정하게 하는데, 이때 감정평가사가 어떤 근거로 평가했는지 그 내용이 적힌 평가서이다. 버튼을 클릭해서 열람할 수 있다. 각종 정보가 기재되어 있으므로 항상 열람해보는 것이 좋다.

현황조사서 : 누군가가 경매를 신청하면 법원에서는 현황조사(현장조사)를 하게 된다. 이때 해당 부동산에 누가 점유를 하고 있는지를 파악해서 기재한 서류이다. 상세하게 기록되지 않으므로 참조만 하는 것이 좋다.

문건 : 공적인 문서나 서류. 법원에 제출되는 서류는 모두 기록에 남기도록 되어 있다. 이를 '문

건처리내역'이라고 하며, 여기서 문건처리내역을 볼 수 있다.

송달 : 소송이나 경매에 관련된 서류를 당사자나 관계인에게 보내는 일

송달내역서 : 법원이 송달한 서류들에 대한 내역서

매각물건명세서 : 법원이 해당 물건에 임차인과 인수되는 권리 등이 있는지를 기재한 명세서. 일반적으로 임차인에 관한 내용이나 인수되는 권리 등이 적혀 있어 아주 중요하다. 대법원 법원경매정보 사이트에서는 입찰기일 일주일 전부터 열람할 수 있으며, 유료 경매정보 사이트에서는 언제든지 열람할 수 있다. 다만, 입찰 전에는 최종적으로 법원경매정보 사이트의 매각물건명세서를 확인하는 것이 좋다.

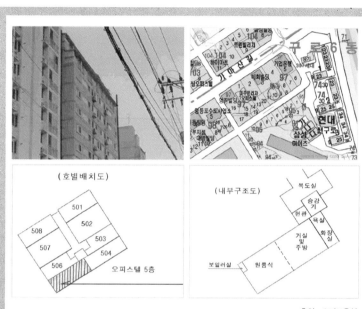

(호별배치도)

501
502
503
504
508
507
506

오피스텔 5층

(내부구조도)

복도실
승강기
현관
욕실
거실및주방
화장실
보일러실
원룸식

출처 : 스피드옥션

매각물건 현황*					
목록	구분	사용승인	면적	이용 상태	기타 사항
건물	12층 중 5층	2005년	45.12 (13.65평)	원룸1식, 거실 및 주방, 욕실겸 화장실 등	개별난방 도시가스
토지 및 대지권	647.4 중 8.18	건물가격 : 84,000,000원		토지가격 : 36,000,000원	
현황 및 위치	중학교 북동측 인근에 위치. 업무용 빌딩, 학교, 금융기관, 관공서 등 혼재.				

매각물건 현황 : 법원의 감정평가서에 기재된 내용을 간략하게 정리해놓은 것이다. 해당 부동산에 관한 상세한 내용이 적혀 있다.

등기부 현황*						
	접수	권리 종류	권리자	채권금액	비고	소멸 여부
1. 갑2	2006.03.06.	공유자지분* 전부 이전	강××			
2. 을1	2006.03.09.	근저당*	한국외환은행	19,500,000원	말소기준권리*	소멸
3. 갑5	2006.12.11.	가압류*	산곡신협	299,862,108원		소멸
4. 갑6	2007.02.01.	압류*	구로세무서			소멸
5. 갑7	2007.07.24.	임의경매	한국외환은행	15,181,171원		소멸
6. 갑8	2007.07.27.	가압류	케이티	37,581,602원		소멸
7. 갑9	2007.08.23.	가압류	대우케피탈	64,000,000원		소멸

등기부 현황 : 등기부에 기재된 권리들을 보기 좋게 정리한 뒤 권리분석을 한 것이다. 이 권리분석은 참조만 하고, 반드시 따로 권리분석을 해봐야 한다. 등기부는 건물과 토지에 관련된 내용을 적어두는 표제부, 소유권과 관련된 권리가 등기되는 갑구, 근저당권이나 전세권 같은 권리가 등기되는 을구 이렇게 세 개로 나뉘는데, 정보 사이트의 등기부 현황표에는 갑구와 을구 구분 없이 등기가 된 시간순으로 나열되며 각각의 등기권리가 갑구의 몇 번, 을구의 몇 번으로 표시된다.

공유자지분 : 부동산물건을 여러 명이 공동으로 소유하고 있는 경우 각 소유자를 공유자라고 한다. 그 각각의 공유자들이 해당 부동산에 대해 가지는 몫 혹은 비율을 뜻한다.

근저당 : 일반적으로 은행에서 개인의 부동산을 담보로 대출을 해주고 그 부동산의 등기부에 근저당권을 등기한다. 나중에 이자 등이 연체될 경우를 대비하여 실제 대출해준 금액보다 120~130% 정도 더 큰 금액으로 설정한다.

이를 '채권최고액'이라고 한다.

가압류 : 돈을 받을 사람이 채무자의 부동산에 대해 강제집행하기 전에 미리 대비하여 부동산을 확보해두는 행위. 어떤 담보도 없이 돈을 빌려주었다가 돈을 받지 못했을 경우 채무자의 부동산에 가압류를 하게 된다. 개인 간 돈을 받을 일이 있었는데 돌려받지 못해서 가압류를 하거나 카드대출금이 연체되었을 경우 카드회사에서 가압류를 하는 경우 등 여러 가지 이유로 가압류를 하게 된다. 이렇게 가압류된 것은 확정된 것이 아니기 때문에 재판을 통해 판결을 받아야 한다.

압류 : 채무자가 부동산(재산)을 처분하지 못하도록 제한하고 처분권을 국가가 가지는 행위. 대개 부동산 소유자가 세금을 체납했을 경우 대한민국 및 시·구·군에서 압류를 한다. 건강보험료 등이 연체되었을 때도 압류가 된다.

말소기준권리 : 부동산경매에서 부동산이 낙찰될 경우, 그 부동산에 존재하던 권리가 소멸하는가, 그대로 남아 낙찰자에게 인수되는가를 가늠하는 기준이 되는 권리

임차인 현황*(배당요구종기일* : 2007.10.05.)				
임차인	점유* 부분	전입*/확정/배당	보증금/월차임*	대항력* 유무
김×경	주거용 전부	전입일* : 2006.03.13. 확정일* : 2006.03.13. 배당요구일* : 2007.08.01.	보 70,000,000원	없음

임차인 현황 : 법원에 신고되었거나 법원이 조사한 임차인에 대한 내용을 기재한 것이다.
배당요구 : 배당을 받겠다고 법원에 요구하는 것
배당요구종기일 : 배당요구를 할 수 있는 마지막 날. 배당받을 사람들이 배당요구를 할 수 있는 기한이기에, 날짜가 하루라도 지나면 배당요구를 했다고 해도 법원으로부터 배당을 받을 수 없다.
점유 : 물건에 대해 지배하는 것. 부동산경매에서 점유는 부동산에 거주하거나 열쇠 등을 갖고 있는 것 등을 말한다.
전입 : 새 거주지로 옮겨옴

전입일 : 주민센터에 전입신고를 한 일자
확정일 : 작성된 계약서나 증서에 대해 증거력이 있다고 법률적으로 인정하는 일자. 확정일자는 주민센터나 공증사무소 등에서 받을 수 있다.
배당요구일 : 임차인이 배당요구를 한 날짜이다. 배당요구종기일 이내에 했는지 반드시 확인해야 한다.
월차임 : 부동산을 빌려 사용하는 대가로 매월 내는 세
대항력 : 자신이 갖고 있는 법률관계를 제3자에게 주장할 수 있는 효력

　나경매 여사의 긴 설명이 끝났다. 경매정보 사이트의 복잡한 표와 그 안의 생소한 용어에 대한 설명을 듣고 나니, 평범과 지혜는 앞을 가로막고 있던 안개가 조금은 걷히는 듯했다. 그럼에도 경매로 나온 물건 중에서 어떤 부동산을 골라야 하는 것인지는 여전히 알 수 없었다.

　"법원경매정보 사이트나 경매정보 사이트에서 어떻게 물건을 검색하고 봐야 하는지는 좀 알 것 같아요. 그렇지만 어떻게 좋은 부동산을 고를 수 있을지는 전혀 감이 오지 않네요."

　평범이 멋쩍은 미소를 지으며 말했다.

"그렇게 느껴지는 것이 당연해요. 살면서 한 번도 좋은 부동산을 고르는 방법을 배운 적이 없을 테니까요."

나경매 여사의 말에 평범은 뒤통수를 한 대 얻어맞은 느낌이었다.

'맞는 말이야. 집은 인간이 살아가는 데 가장 중요한 의식주 중 하나인 데다 단돈 몇천 원, 몇만 원도 아닌 몇천만 원에서 몇억 원까지 들여서 장만해야 하잖아. 그런데 지금까지 한 번도 어떤 부동산이 좋은지에 대해 제대로 배운 적이 없었네.'

평소에 이런 생각을 한 번도 해본 적이 없었다는 것에 스스로가 이상할 정도였다.

● ● ● 좋은 부동산을 고르려면

"경매로 나온 부동산 중에서 입찰해볼 만한 부동산은 어떻게 고르면 될까요? 먼저 권리적으로 문제가 없는 물건인지 확인하고, 부동산 감정이 제대로 되었는지 시세조사를 통해 확인하세요. 시세보다 저렴하게 낙찰받을 수 있는 물건인지, 현재 그곳에 사는 사람들이 그 지역을 좋게 느끼고 있는지도 살펴볼 필요가 있습니다. 물론 두 분은 신혼집을 마련하는 입장이니 자신이 살고 싶은 지역인지, 앞으로도 좋아질 지역인지도 확인해야겠지요. 직접 현장에 나가서 건물 상태를 살펴보고 마지막으로 점유자*로부터 부동산을 인도*받는 데 문제가 없는 물건인지를 확인해야 합니다."

나경매 여사는 손가락을 하나씩 접어가며 이 여섯 가지 항목을 설명했다. 평범과 지혜는 하나라도 놓칠세라 열심히 노트에 필기했다.

점유자 : 어떤 물건을 자기의 지배 아래에 두고 있는 사람

인도 : 부동산이나 사물을 넘겨주는 것

부동산경매 물건 선택 시 확인해야 할 사항

1. 권리적으로 문제가 없는 물건인가?

2. 부동산의 감정이 제대로 되었는가?

3. 시세보다 저렴하게 낙찰받을 수 있는 물건인가?

4. 해당 물건의 위치가 현재 거주하는 사람들이 선호하는 지역인가 혹은 자신이 살고 싶어 하는 지역인가? 앞으로도 좋아질 지역인가?

5. 부동산 건물의 상태는 괜찮은가?

6. 점유자로부터 부동산을 인도받는 데 문제가 없는 물건인가?

"그런데 이렇게 많은 조건에 다 들어맞는 물건이 있을까요?"

평범은 모든 조건을 충족시키는 물건을 찾는 것은 여간 힘든 일이 아니겠다는 생각이 들었다. 특히 자기 같은 초보자에게 그런 물건을 낙찰받을 기회가 오기나 할까 싶었다. 어쩌면 지금 경매를 배우는 일이 복권에 당첨되길 바라며 로또를 사는 것과 다를 게 없다는 생각에 이르자, 그만 맥이 빠지고 말았다. 의기소침해진 평범의 질문에 나경

매 여사는 뜻밖의 대답을 했다.

"그럼요, 얼마든지 있어요. 찾으려고 노력한다면 이 모든 조건에 들어맞는 물건을 분명 찾게 될 겁니다."

"정말이요? 그렇다면 저는 정말 경매에 푹 빠지게 될 것 같아요."

지혜의 들뜬 목소리에, 평범은 팔꿈치로 그녀의 옆구리를 찔렀다.

"아직 잘 알지도 못하면서 너무 앞서가지 마!"

평범은 나 여사의 말을 전적으로 믿을 수 없었다.

"그래요. 평범 씨 말이 맞아요. 판단은 나중에 해도 늦지 않아요."

다소 부정적인 태도로 돌아선 평범의 생각을 알아챈 듯 보였지만 나 여사는 미소를 지으며 설명을 이어나갔다.

"자, 그럼 보다 구체적으로 이야기해볼까요? 경매로 나온 물건 중에서 괜찮은 부동산을 고를 때는 가장 먼저 권리적으로 문제가 없는 물건인지를 확인해야 합니다. 매년 많은 부동산이 경매로 나오고 있어요. 이유가 무엇일까요? 대부분은 소유자가 채무를 갚지 못해서입니다. 앞에서 보여줬던 부동산의 등기부를 보면 각종 권리가 등기되어 있다는 것을 알 수 있습니다."

등기부 현황				
	접수	권리 종류	권리자	채권금액
1. 갑2	2006.03.06.	공유자지분 전부 이전	강**	
2. 을1	2006.03.09.	근저당	한국외환은행	19,500,000원
3. 갑5	2006.12.11.	가압류	산곡신협	299,862,108원

4. 갑6	2007.02.01.	압류	구로세무서	
5. 갑7	2007.07.24.	임의경매	한국외환은행	15,181,171원
6. 갑8	2007.07.27.	가압류	케이티	37,581,602원
7. 갑9	2007.08.23.	가압류	대우케피탈	64,000,000원

"보시다시피 이렇게 부동산 등기부에 여러 가지 권리가 등기되어 있을 경우, 소유자는 부동산을 팔고 싶어도 팔지 못하게 되고 임대를 내놓아도 세입자를 구하기 힘들어집니다. 이러한 부동산은 결국 경매로 넘어가게 되겠죠. 경매로 나온 부동산을 누군가가 낙찰받아서 대금을 납부해야만 비로소 등기부에 등기되어 있던 권리들이 소멸됩니다. 하지만 모든 권리가 소멸되는 것이 아니라 경우에 따라 소멸되지 않고 인수되는 권리도 있고, 간혹 낙찰자가 임차인의 보증금까지 떠안아야 하는 상황도 생깁니다."

나경매 여사의 설명에 지혜가 두 손을 모아 턱에 괴며 말했다.

"저도 그것 때문에 경매라는 게 많이 두려워요. 혹시라도 인수되는 무엇이 있는데 그걸 잘 모르고 낙찰받았다가 문제가 생길지도 모르니 불안한 것이죠."

지혜의 말에 평범도 고개를 끄덕였다. 그 역시 그런 문제가 가장 마음에 걸렸다. 그들의 표정을 살피던 나경매 여사가 별안간 웃음을 터뜨렸다.

"호호호! 바로 그런 문제 때문에 경매 공부를 하는 게 아니겠어요? 권리분석 공부를 제대로 하면 크게 염려하지 않아도 됩니다. 공부하는

데 시간과 노력을 투자해야 해요. 그것이 귀찮아서 대충 공부했다가 낭패를 보는 것이지, 제대로 공부한다면 그럴 일은 거의 일어나지 않는답니다. 권리적으로 문제가 없는 물건인지 확인하려면 다소 번거롭고 귀찮아도 권리분석을 하는 방법을 배워야 해요. 기본적인 권리분석 방법은 일주일 정도만 투자해도 금방 배울 수 있으니 처음부터 너무 겁먹지 말고요!"

'권리분석 공부'라니, 평범은 어쩐지 말만 들어도 좀 따분하다는 생각이 들었다. 지난한 취업공부를 마치고 겨우 입사해서 바쁘게 직장생활을 하고 있는 시점에서 다시 무언가를 새롭게 공부해야 하는 게 귀찮기도 했다. 하지만 신혼집을 마련해야 한다는 구체적인 목표가 있는 지금, 이왕에 할 거라면 열심히 해보자고 마음을 다잡았다.

"조금 덧붙여서 이야기하자면, 일단 권리분석 공부를 해두면 살아가는 데 큰 도움이 될 거예요. 살다 보면 자신이 거주하기 위해서나 임대를 놓기 위해 부동산을 구입해야 할 일도 생길 수 있고, 장사를 하기 위해 상가를 계약해야 할 일이 생길 수도 있겠죠. 지금은 몰라도 살아가면서 부동산 거래를 할 일이 생각보다 많이 있답니다. 그런데 이때 부동산 권리를 분석할 줄 몰라서 평생 모은 재산을 잃는 사람들도 있어요. 이처럼 중요한 문제인데도 사람들은 일상에 치여 이에 대해서 제대로 배울 기회를 좀처럼 얻지 못합니다. 개인적으로는 영어 공부보다 부동산 권리분석 공부가 더 중요하다고 생각해요. 어머, 곁가지 말이 너무 길었죠?"

"아니에요, 여사님. 말씀 듣고 보니 정말 중요한 일인 것 같아요. 저는 현재 영어 강사일을 하고 있어서 영어 공부를 한 것이 도움이 되었지만, 영어 공부를 오래 했음에도 영어를 쓸 일이 거의 없는 일을 하거나 여전히 외국인과 말 한마디 나눈 적이 없는 사람들도 많이 있지요. 그런데 부동산 거래는 대부분의 사람들이 살아가면서 한 번 이상 하게 되는 것 같아요. 그래서 '부동산 공부 좀 해둘걸' 하며 후회할 일이 생기는 거죠. 제 친구 한 명은 전세가격이 저렴한 부동산이 있어서 이사를 했다가 보증금 대부분을 잃었어요. 등기부에 압류가 하나 있었는데 중개인이 세금이 조금 밀려 있는 거라며 걱정하지 말라고 했대요. 그런데 나중에 알고 보니 체납금액이 엄청나게 컸다는 거예요. 그 친구가 억울해서 소송을 했는데 집주인이 돈이 없어서 결국 소송도 중간에 포기하고 말았어요."

지혜의 말을 잠자코 듣고 있던 평범은 부동산에 대해 공부한다는 건 단지 신혼집을 싸게 마련하는 것뿐 아니라, 인생을 살아가는 데 필요한 지혜를 얻는 것이라는 생각이 들었다.

'왜 진작 부동산에 대해 공부할 생각을 하지 않았을까? 소수의 부자들만 계속해서 부를 불려가기 위해 이런 유용한 지식을 알고 있으면서도 일부러 쉬쉬하고 있었던 건 아닐까?'

평범은 방금 전까지 발을 붙이고 있던 세상에서 벗어나 새로운 세상으로 들어가고 있는 듯한 착각마저 들었다.

"부동산경매 공부를 시작한 사람들 중 많은 이들이 자신이 살아가면서 크게 써먹지도 못할 것들을 배우고 있는 건 아닌지, 괜히 시간과 돈만 낭비하고 있는 건 아닌지 걱정합니다. 하지만 지금 당장 좋은 조건으로 부동산을 낙찰받지 못한다고 해도 살아가면서 두고두고 활용할 수 있는 지식을 배워두는 것이라고 생각한다면 공부가 재미있어질 거예요."

평범은 나경매 여사가 조금 전까지도 품고 있던 자신의 생각을 꿰뚫어본 것 같아 가슴이 뜨끔했다.

"이런, 시간이 벌써 이렇게 되었네요."

휴대전화 액정 화면의 시간을 확인하며 나 여사가 말했다.

"오늘 공부는 여기까지 하도록 해요. 그리고 내일은 권리분석을 제대로 하기 위해 반드시 알아야 할 등기부 보는 방법에 대해 공부할 거예요. 두 분은 내일까지 경매정보 사이트에 가입하고 오늘 배운대로 검색해서 입찰해봤으면 좋겠다는 생각이 드는 물건을 의논해서 골라오세요."

나경매 여사가 내준 과제에 평범과 지혜는 서로의 얼굴을 바라보았다. 결혼해서 어디에 살고 싶다는 이야기를 해본 적은 있었지만 신혼집으로 아파트를 마련해야 할지 빌라나 연립을 찾아봐야 할지, 또 어느 정도의 금액에서 알아봐야 할지 등을 구체적으로 논의해본 적이 없었기 때문이었다.

나경매 여사와 헤어져 돌아가는 길, 둘은 카페에 들러 서로의 의견을 물었다. 또 평범의 노트북으로 유료 경매정보 사이트에 가입한 뒤 여러 물건들을 검색해봤다. 다양한 물건들이 있었지만 마음에 쏙 드는 부동산을 찾는 일은 쉽지 않았다. 늦은 밤이 되어서야 그들은 서로 의견을 주고받으며 신혼집으로 적합해 보이는 세 개의 물건을 선택해 후보에 올렸다.

02

후보에 오른
세 개의 물건

평범은 알람 소리에 화들짝 놀라며 눈을 떴다. 보통 토요일엔 지혜를 만나 데이트를 하거나 친구나 직장동료를 만나 늦게까지 술을 마시곤 했기에 일요일에는 늦게까지 푹 자는 게 습관이 되어 있었다. 그런데 나경매 여사와 시작한 경매 공부 때문에 어젯밤 아침 일찍 일어나기 위해 알람을 맞춰두었다는 걸 잊고 있었던 것이다. 잘 떠지지 않는 눈을 비비며 몸을 일으키면서도 평범은 다시 이부자리로 파고들고 싶은 마음과 싸워야 했다.

'이렇게까지 했는데, 좋은 결과를 얻지 못하면 어쩌지?'

아직도 확신이 서지 않았지만 평범은 전날 지혜와 함께 검색한 물건 자료를 출력해 가방에 넣었다.

지혜와 만나기로 한 전철역에 도착했을 때, 밝은 표정의 그녀가 손을 흔들며 다가왔다. 평범과는 달리 지혜는 경매 공부에 대한 기대가 큰 것 같았다. 어제 헤어질 때도 지혜는 말했다.

"주말에 자기와 영화를 보거나 여행을 가서 함께 즐거운 시간을 보내는 것도 좋지만, 이렇게 무언가 유용한 것을 함께 배우는 일에 시간을 투자하는 것도 정말 좋은 것 같아. 특히 걱정만 하고 있던 문제들에 대한 해결책을 찾을 수도 있겠다는 희망도 생기고. 어찌 됐든 우리의 미래를 적극적으로 만들어가고 있다는 사실에 기분이 좋아."

지혜에게 처음 부동산경매에 대한 이야기를 꺼낼 때까지도 평범은 그녀가 싫어할지도 모른다는 생각에 망설였다. 예상을 깨고 지혜가 의욕적인 태도를 보이자 조금 당혹스럽기도 했지만, 자신의 제안을 기분 좋게 받아준 지혜에게 고마운 마음이 컸다. 기대에 찬 표정으로 다가오는 지혜에게 평범도 환하게 웃으며 손을 흔들었다.

"우리가 고른 물건들이 괜찮은 건지 궁금해 죽겠어. 우리 어서 가서 나 여사님께 여쭤보자."

지혜가 평범의 팔짱을 끼며 말했다.

● ● ● 권리분석과 현장조사

그들이 내민 인쇄물을 보며 나경매 여사가 말했다.

"세 개나 되네요?"

물건 1

2014타경 338XX(5)
서울특별시 성북구 정릉동 2XX-2X 외 1필지, 이X맨션, 4층 4XX호

물건 용도	다세대 (빌라)	감정가	195,000,000원	구분	입찰기일	최저매각가격	결과
				1차	2015.07.02.	195,000,000원	유찰
토지 및 대지권	34.346㎡ (10.39평)	최저가	79,872,000원 (41%)	2차	2015.08.06.	156,000,000원	유찰
					2015.09.03.	124,800,000원	변경
건물 면적	60.07㎡ (18.171평)	보증금	7,990,000원 (10%)	3차	2015.10.15.	124,800,000원	변경
				4차	2015.11.19.	99,840,000원	유찰
				5차	2015.12.24.	79,872,000원	진행
매각 물건	토지 건물 일괄 매각	소유자	조XX				
개시 결정	2014.10.07.	채무자	조XX				
사건명	강제경매	채권자	윤XX				

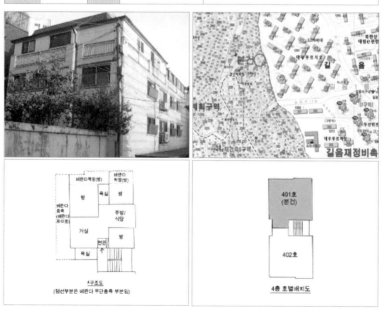

출처 : 스피드옥션

매각물건 현황

목록	구분	사용승인	면적	이용 상태	기타 사항
건물	4층 중 4층	2008.10.01.	60.07㎡ (18.17평)	방3, 거실, 주방 및 식당, 욕실겸 화장실 2	도시가스 개별 난방, 4층 베란다 부분 면적 무단 증축*으로 건축물대장상 '위반 건축물*'로 표기됨
토지 및 대지권	173㎡ / 34,346㎡	건물가격 : 117,000,000원		토지가격 : 78,000,000원	
현황 및 위치	대학교 남동측 인근 위치, 단독주택, 다세대, 연립주택, 대형 아파트단지, 근린생활시설 등이 혼재한 주거지역. 차량 진입이 가능하고 대중교통 사정 무난함. 본건 다세대주택. 부지 남서측, 남동측으로 각각 약 4m 포장 도로와 접함.				

등기부 현황

	접수	권리 종류	권리자	채권금액	비고
1. 갑1	2008.10.31.	소유권 보존	조XX		
2. 을3	2014.06.14.	근저당	윤XX	170,000,000원	
3. 갑4	2014.07.05.	압류	서울특별시성북구		
4. 갑5	2014.10.07.	강제경매	김XX	17,000,000원	청구금액
5. 갑6	2015.04.30.	압류	서울특별시성북구		

임차인 현황(배당요구종기일 : 2014.12.27.)

임차인	점유 부분	전입/확정/배당	보증금/월차임
김차인	주거용 전부	전입 : 2013.12.07. 확정 : 2013.12.07. 배당요구일 : 2014.10.18.	보 160,000,000원

무단 증축 : 불법으로 건축물의 바닥면적을 늘리는 것. 불법으로 별채를 만들거나 건물의 층을 늘린 것을 말한다.
위반 건축물 : 건축 기준법을 위반한 건축물

"물건 1인 정릉동 다세대 빌라는 유찰이 여러 번 되어 가격이 저렴해 골랐어요."

물건 2

2015타경 199XX
서울특별시 성북구 석관동 1×, 행복 아파트 10X동 10층 100X호
(새주소)서울특별시 성북구 화랑로 ××길 16, 행복 아파트 10X동 10층 100X호

물건 용도	아파트	감정가	260,000,000원	구분	입찰기일	최저매각가격	결과
				1차	2015.12.08.	260,000,000원	유찰
토지 및 대지권	24.46㎡ (6,794평)	최저가	208,000,000원 (80%)	2차	2016.01.12.	208,000,000원	유찰
건물 면적	54.55㎡ (16,501평)	보증금	20,800,000원				
매각 물건	토지 건물 일괄 매각	소유자	주XX				
개시 결정	2015.08.20.	채무자	주XX				
사건명	임의경매	채무자	조은은행				

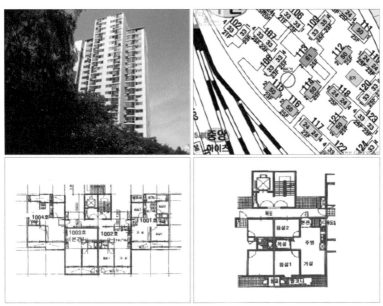

출처 : 스피드옥션

매각물건 현황					
목록	구분	사용승인	면적	이용 상태	기타 사항
건물	23층 중 10층	1998.04.18.	54.55㎡ (16.501평)	방2, 거실, 주방, 욕실 등	도시가스 개별난방
토지 및 대지권	72,210.8 22.46㎡	건물가격 : 104,000,000원		토지가격 : 156,000,000원	
현황 및 위치	초등학교 북측 인근에 위치, 단독주택, 다세대, 연립주택, 대형 아파트단지, 근린생활시설 등이 혼재함. 주거지역 차량 진입 가능하고 대중교통 사정 무난함.				

등기부 현황					
	접수	권리 종류	권리자	채권금액	비고
1. 갑1	1998.07.11.	소유권 이전 (매매)	주XX		
2. 을14	2013.03.12.	근저당	조은은행	260,000,000원	
3. 갑12	2013.08.06.	압류	성동세무서		
4. 갑13	2015.08.20.	임의경매	조은은행	240,000,000원	청구금액
5. 갑14	2015.08.29.	압류	국민건강보험공단		

임차인 현황(배당요구종기일 : 2015.10.30.)			
임차인	점유 부분	전입/확정/배당	보증금/월차임
고차인	주거용 전부	전입 : 2015.05.09. 확정 : 2015.05.09. 배당요구일 : 2015.10.16.	보 27,000,000원 월 200,000원
김꽃분	주거용 전부	전입 : 2015.05.09. 확정 : 2015.05.09. 배당요구일 : 2015.10.16.	보 27,000,000원 월 200,000원
기타 사항		고차인과 김꽃분은 부부 사이	

"물건 2인 성북구의 행복 아파트는 요즘 인기가 좋은 소형 아파트라 신혼집으로 괜찮겠다 싶어 골랐고요."

2015타경 298XX
서울특별시 성북구 해피동 XX2, 소망 아파트 107동 1층 101호

물건용도	아파트	감정가	550,000,000원	구분	입찰기일	최저매각가격	결과
				1차	2015.11.08.	550,000,000원	유찰
토지 및 대지권	53.01㎡ (16.04평)	최저가	352,000,000원 (64%)	2차	2015.12.10.	440,000,000원	유찰
				3차	2016.01.12.	352,000,000원	유찰
건물 면적	132.96㎡ (40.22평)	보증금	35,200,000원 (10%)				
매각물건	토지 건물 일괄 매각	소유자	김XX				
개시결정	2015.07.10.	채무자	홍XX				
사건명	임의경매	채권자	한국스탠드은행				

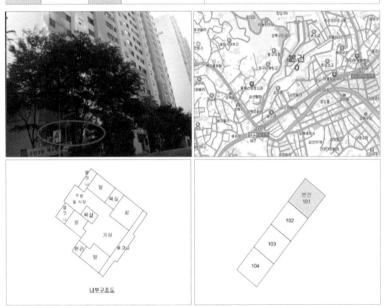

출처 : 스피드옥션

매각물건 현황					
목록	구분	사용승인	면적	이용 상태	기타 사항
건물	18층 중 1층	1999.07.27	132.96㎡ (40.22평)	방4, 거실, 주방 및 식당, 욕실 2	도시가스 개별난방
토지 및 대지권	180,604.3㎡ /53.01㎡	건물가격 : 220,000,000원		토지가격 : 330,000,000원	
현황 및 위치	주위는 대단위 아파트단지, 다세대주택, 근린생활시설 및 학교 등이 혼재. 차량 접근 용이.				

등기부 현황					
	접수	권리 종류	권리자	채권금액	비고
1. 갑4	2000.09.01.	소유권 이전 (매매)	김XX		
2. 을2	2008.09.10.	근저당	우리은행	36,000,000원	
3. 을4	2009.11.26.	근저당	한국스탠드은행	169,000,000원	
4. 갑10	2010.03.09.	가압류	이XX	400,000,000원	
5. 갑11	2014.03.19.	가압류	신한카드	6,320,630원	
6. 갑12	2015.07.10.	임의경매	한국스탠드은행	133,493,053원	청구금액

임차인 현황(배당요구종기일 : 2015.09.19.)			
임차인	점유 부분	전입/확정/배당	보증금/월차임
송차인	주거용 전부	전입 : 2012.01.02. 확정 : 2012.01.11. 배당요구일 : 2015.08.07.	보 260,000,000원

"물건 3인 성북구의 소망 아파트는 중대형 규모인 데다 가격이 비싸서 솔직히 우리가 입찰할 수 있을지는 모르겠지만 감정가와 최저가 차이가 많이 나서 한번 뽑아봤습니다. 아직 이 세 물건 중에서 어떤 게 가장 좋은지는 전혀 모르겠습니다."

평범이 머리를 긁적이며 말했다.

"그건 걱정하지 마세요. 어떤 것이 가치 있는 부동산인지는 차차 알게 될 테니까요."

나경매 여사가 미소를 지으며 말했다.

"그렇게 된다면 정말 좋겠네요. 개인적으로는 유찰이 여러 번 되어 가격이 저렴한 빌라가 가장 좋을 것 같은데요. 제 생각이 맞는 건지도 모르겠거든요."

지혜도 의문이 가득한 표정을 지었다. 그들의 이야기를 차분하게 듣고 있던 나 여사가 말문을 열었다.

"선택한 물건들이 부동산으로서 가치 있는 것인지, 신혼집으로 적합한 것인지 확인하려면 어제 이야기했던 여섯 가지 사항들을 확인해야 해요. 그리고 여섯 가지를 확인하기 위해서는 먼저 두 가지 절차를 거쳐야 합니다. 첫째는 권리분석, 둘째는 현장조사입니다. 그리고 권리분석을 제대로 하기 위해선 반드시 등기부를 읽을 줄 알아야겠지요?"

"솔직히 말하자면, 살면서 지금까지 저는 등기부를 본 적이 한 번도 없어요."

평범이 말했다.

"정말? 그럼 지금 살고 있는 집은 어떻게 계약했어?"

지혜가 눈을 동그랗게 뜨며 평범에게 물었다.

"그때야 부모님이 곁에 계셨고, 부동산 중개인이 해주는 설명을 그저 들은 거지. 세세한 내용을 제대로 알고 계약했던 건 아니었어."

그의 대답에 지혜의 목소리 톤이 조금 올라갔다.

"그렇다면 어머님 아버님은 이런 내용들을 다 알고 계신 거네?"

"글쎄. 내 추측으로는 우리 부모님들도 제대로는 모르시는 것 같아."

"그렇다면 우리 주위 사람들 대부분이 등기부 내용을 어떻게 보는 건지 모른다는 말이 되잖아."

지혜가 팔짱을 끼며 무언가 대단한 사실을 발견한 것처럼 말했다.

"맞아요, 지혜 씨. 대부분의 사람들이 잘 모릅니다. 그래서 일반 거래를 할 때 부동산 중개인의 도움이 필요한 것이죠. 그런데 부동산경매의 경우는 누군가가 곁에서 도와주는 게 아닙니다. 따라서 등기부를 보는 방법을 알아야 하지요. 등기부를 제대로 볼 수 있어야 이를 토대로 권리분석도 할 수 있으니까요."

나경매 여사가 진지한 눈빛으로 말했다.

"그런데 경매정보 사이트에 나온 정보에는 권리분석이 모두 되어 있던 걸요? 이걸 보고 입찰하면 되지 않나요?"

평범이 자신이 인쇄해온 자료를 손가락으로 가리켰다.

"그건 절대 안 됩니다. 어제도 말했듯이 경매정보 사이트에 나온 모든 정보는 100% 확실한 게 아닙니다. 그저 부분적인 정보를 기초로 해서 임시로 분석을 해놓은 것이죠. 따라서 반드시 정확하게 분석해봐야 합니다."

나 여사는 단호한 어투로 말을 이어갔다.

"자, 그럼 등기부, 즉 등기사항전부증명서를 보는 방법에 대해서 공부해봅시다."

꼭 알아야 할 등기권리들

"우선 맨 처음에 소개한 구로 오피스텔 물건을 사례로 등기부 보는 방법을 알아볼게요. 해당 등기부는 인터넷등기소에서 열람할 수 있습니다."

나경매 여사는 인터넷등기소에서 열람하고 출력해온 등기부 사본을 그들에게 보여주었다.

"등기부 내용이 정말 복잡하게 기록되어 있네요."

등기부를 꼼꼼히 살피던 평범의 양미간에 주름이 잡혔다.

"호호. 평범 씨 그렇게 심각해질 건 없어요. 등기부를 처음 볼 때는 복잡하기도 하고 무슨 말인지도 모르겠어서 이해하기 어려울 거예요. 이렇게 복잡하게 기재되어 있는 내용을 보기 좋게 정리한 것이 바로 경매정보 사이트에서 제공하는 등기부 현황입니다. 이제 경매정보 사이트에서 제공하는 등기부의 내용을 한번 살펴봅시다."

등기부 현황					
	접수	권리 종류	권리자	채권금액	비고
1. 갑2	2007.03.06.	공유자지분 전부 이전	강XX		
2. 을1	2007.03.09.	근저당	한국외환은행	19,500,000원	
3. 갑5	2007.12.11.	가압류	산곡신협	299,862,108원	
4. 갑6	2008.02.01.	압류	구로세무서		
5. 갑7	2008.07.24.	임의경매	한국외환은행	15,181,171원	청구금액
6. 갑8	2008.07.27.	가압류	케이티	37,581,602원	
7. 갑9	2008.08.23.	가압류	대우캐피탈	64,000,000원	

"이 등기부 현황에는 각 권리들이 설정된 시간 순서대로 정리되어 있지만, 일반적인 등기부에는 이렇게 정리되어 있지 않아 다소 혼란스러울 수 있습니다. 등기부에는 다음과 같은 권리들이 등기됩니다. 근저당권, 저당권*, 가압류, 압류, 경매개시결정기입등기*, 가등기*, 가처분등기*, 예고등기*, 지상권*, 지역권*, 임차권등기*, 전세권등기*, 환매권등기*, 소유권보존등기*, 소유권이전등기*."

나경매 여사의 설명에 평범과 지혜의 얼굴이 굳어졌다.

"한 번도 들어본 적 없는 생소한 용어들이라 도저히 무슨 말인지 모르겠네요. 정말 어려워요."

지혜의 어두운 표정을 보며 나 여사가 미소를 지었다.

"전혀 걱정할 것 없어요. 이 용어들도 몇 번 듣다 보면 금방 익숙해질 테니까요. 여기, 각 용어의 의미를 쉽게 이해할 수 있도록 정리한 자료이니 한번 살펴보세요."

나경매 여사가 둘에게 종이를 내밀었다.

저당권 : 채무자가 자신의 부동산 등을 담보로 돈을 빌릴 때 채권자와 저당권을 설정한다. 채권자가 빌려준 돈을 받지 못하게 될 경우 경매를 통해 변제받을 수 있는 권리다.

경매개시결정기입등기 : 해당 부동산에 경매가 개시되었다는 것을 알리는 등기이다. 경매를 신청할 수 있는 채권자가 경매를 신청한 경우 '임의 경매개시결정기입등기'가 되고, 경매신청을 할 수 없는 채권자가 신청한 경우엔 재판을 통해 판결을 받아 경매가 진행되기 때문에 '강제 경매개시결정기입등기'가 된다.

가등기 : 본래의 등기를 하기 전, 순위를 지키기 위해 임시로 해두는 등기

가처분등기 : 부동산 관련 소송을 진행하기 전 해당 부동산을 채무자가 임의로 처분하거나 임대 등의 행위를 하지 못하게 하는 등기이다. 이렇게 한다고 해서 매매나 임대 행위를 전혀 못하는 것은 아니다. 다만 나중에 가처분권자가 승소하게 되면 가처분등기 이후에 등기된 권리는 모두 무효가 되므로 유의해야 한다.

예고등기 : 해당 물건이 등기와 관련하여 소송 중에 있다는 것을 알리기 위해 하는 등기. 실제 등기가 아닌 예고를 목적으로 한 등기라고 보면 된다. 단 2011년 10월 13일로 예고등기는 폐지되었으나 그 이전에 등기된 예고등기는 효력이 있으므로 주의가 필요하다.

지상권 : 타인의 땅을 사용하기 위해 설정하거나 토지를 담보로 대출을 해준 은행에서 주로 설정하는 등기이다.

지역권 : 토지의 소유자가 자신의 토지를 사용하기 위해 인접해 있는 타인의 토지를 이용해야 할 때 설정하는 권리

임차권등기 : 일반적으로 임차인이 자신의 보증금을 돌려받지 못한 채 이사를 가야 하는 경우 하게 되는 등기를 말한다.

전세권등기 : 전세권은 전세금을 제공하고 타인의 부동산을 사용·수익할 수 있는 권리이며, 계약 기간이 만료되면 부동산을 내어주고 전세금을 돌려받을 수 있는 권리이다. 전세와 달리 등기부에 등기된다.

환매권등기 : 소유자가 자신의 부동산을 매도할 때 특약으로 환매권등기를 한다면 그 환매권 기간 안에 매도한 부동산을 다시 매수할 수 있다.

소유권보존등기 : 미등기된 부동산의 소유권을 보존하기 위해 하는 등기

소유권이전등기 : 매매나 증여 등에 의해 소유권이 바뀐 경우 하는 등기

"이 용어 설명들을 읽어보니 약간은 이해가 되네요."

자료에 밑줄을 치며 읽던 지혜의 표정이 한결 밝아졌다.

"처음부터 이런 권리들을 모두 알고 있는 사람은 없어요. 하지만 대부분의 사람들이 금방 익숙해져서 이런 걸 몰랐었나 싶을 정도로 쉽게

이해하게 된답니다. 그러니 익숙해질 때까지는 여기 기재된 내용을 들여다보며 공부를 하면 도움이 될 겁니다."

나경매 여사의 말이 끝나자, 아까부터 등기부를 열심히 들여다보고 있던 평범이 입을 뗐다.

"그런데 여사님. 여기 임의경매 옆에 '한국외환은행'이라는 표시가 있고 '청구금액'이라고 적혀 있는데요. 2013년 3월 9일에 근저당 설정을 한 한국외환은행이 경매를 신청한 것 같은데, 당시 금액은 1,950만 원입니다. 그런데 이는 아래의 청구 금액 1,518만 1,171원과 다르네요?"

"평범 씨가 아주 중요한 부분을 봤군요. 부동산을 담보로 은행에서 돈을 빌릴 경우, 은행은 채무자와 근저당 설정 계약을 하게 됩니다. 이 때 근저당 설정 금액은 나중에 이자가 연체될 것 등을 감안해 그 부동산에서 최대한 받을 수 있는 액수로 설정하죠. 이를 '채권최고액'이라고 합니다. 경매를 신청하게 되면 그때 은행에서 실제로 받아야 할 금액이 정해지는데 그것이 바로 청구금액입니다. 따라서 근저당 설정 금액이랑 실제로 은행이 청구하는 금액이 다를 수 있습니다."

나경매 여사는 평범의 질문에 대답한 뒤 다시 등기부에 대한 설명을 이어갔다.

••• 등기부는 어떻게 보는 거죠?

"여기 등기부 등본에 적혀 있는 '집합
건물*'이란 아파트, 오피스텔, 다세대,
연립, 상가 건물 등을 의미합니다."

"안 그래도 궁금해서 여쭤려던 참이
었어요."

평범이 등기부 등본에 적힌 '집합건물'이란 단어에 펜으로 동그라미
를 그렸다.

> 집합건물 : 한 동의 건물이 구분되
> 어 각 호가 독립하여 별개로 사용할
> 수 있는 건물. 아파트, 연립주택, 오
> 피스텔, 상가, 다세대 등과 같은 건
> 물을 말한다. 구분건물이라고도 한
> 다.

등기부 등본 (말소사항 포함) - 집합건물

고유번호 2843-2005-0071 **

[집합건물] 서울특별시 구로구 구로동 1필지 제5층 제***호				
【 표 제 부 】 (1동의 건물의 표시)				
표시번호	접 수	소재지번,건물명칭 및 번호	건 물 내 역	등기원인 및 기타사항
1	2005년4월4일	서울특별시 구로구 구로동 97-10, 97-11	철근콘크리트구조 콘크리트평슬라브지붕 12층 공동주택, 업무시설, 근린생활시설 1층 37.53㎡ 2층 358.4㎡ 3층 358.4㎡ 4층 358.4㎡ 5층 358.4㎡ 6층 351.72㎡ 7층 351.72㎡ 8층 351.72㎡ 9층 351.72㎡ 10층 351.72㎡ 11층 345.54㎡ 12층 305.60㎡ 지하1층 540.6㎡ 지하2층 434.74㎡ 옥탑1 46.41㎡(연면적제외) 옥탑2 36.4㎡(연면적제외)	도면편철장 제1책 제112장
(대지권의 목적인 토지의 표시)				
표시번호	소 재 지 번	지 목	면 적	등기원인 및 기타사항
1	1. 서울특별시 구로구 구로동 97-10 2. 서울특별시 구로구 구로동 97-11	대 대	324.5㎡ 322.9㎡	2005년4월4일

*등기부 등본은 등기사항전부증명서로 명칭이 변경됐다.

곁에서 여전히 고개를 갸웃거리는 지혜를 위해 나경매 여사가 설명을 덧붙였다.

"쉽게 말해서, 집합건물은 여러 개의 호수가 있는 한 동짜리 건물이라고 보면 됩니다. 한 건물에 있는 모든 호수가 단 한 사람의 소유일 수도 있지만, 각 호수마다 각기 다른 개인이 소유권을 가질 수도 있겠죠. 이 경우 한 건물에 10호가 있어도 10개의 호수가 각각의 부동산으로 인정됩니다. 한 사람이 한 건물을 소유하고 있다면 10개의 집을 갖고 있는 셈이 되는 것이죠. 따라서 집합건물을 '구분건물'이라고도 합니다."

나경매 여사가 칠판에 그림을 그렸다.

단독주택　　　　다가구주택　　　　집합건물

* 단독주택과 더불어 호수가 나누어진 '다가구주택'도 하나의 주택으로 본다. 여러 개의 호수가 있는 한 동짜리 건물이어도 각 호수마다 각기 다른 개인이 소유권을 가진다면 이를 '집합건물'이라 하며, 이 경우 등기부도 호수별로 각각 존재한다.

"단독주택이나 다가구주택*의 경우 건물 등기부, 토지 등기부가 각각 따로 있는 반면, 집합건물의 경우에는 건물과 대지(토지)에 관한 권리관계가 집합건물 등기부 하나에 모두 기재됩니다. 따라서 집합건물은 집합건물 등기부 하나만 열람하면 된답니다. 물론 단독주택의 등기부를 보려면 건물 등기부와 토지 등기부 모두 열람해야 하고요. 그리고 집합건물은 이렇게 '표제부'라고 해서 건물 한 동의 표시와 그 건물이 서 있는 대지에 관해서 표시하고, 해당 호수에 관한 건물

다가구주택 : 주인은 한 명이지만 각 구획마다 여러 가구가 독립하여 살 수 있도록 방, 화장실, 부엌, 출입문 등이 갖춰져 있는 건물. 여러 가구가 거주하지만 단독주택으로 간주된다.

다세대주택 : 한 동의 건물에 주인이 각기 다른 여러 세대가 살 수 있도록 구분되어 있는 건물

토지별도등기 : 단독주택은 단독주택의 건물에 대한 건물 등기부가 있고 토지에 대해서는 토지 등기부가 따로 있는데 집합건물은 건물과 대지권이 함께 표시되는 집합건물 등기부만 가진다. 하지만 간혹 집합건물이 서 있는 토지에만 별도로 등기가 있는 경우 이를 토지별도등기라고 한다.

표시와 그 건물이 가지는 대지권 비율 표시를 가장 먼저 하게 됩니다 (단, '토지별도등기*'라는 표시가 있을 경우, 집합건물 등기부 외에도 토지 등기부가 따로 있으므로 이때는 반드시 토지 등기부도 열람해야 한다)."

"그러네요. 해당 호수에 관한 표시뿐 아니라, 건물 한 동의 면적과 층별 면적, 또 대지 면적 크기도 적혀 있군요."

지혜가 등기부의 표제부에 적혀 있는 내용을 꼼꼼히 확인하면서 대답했다.

"지번을 살펴보면 97-10과 97-11이라고 표시되어 있죠? 지번이란 토지의 번호를 말하는데, 대개는 한 필지에 건물 하나가 있지만 이렇

【 표 제 부 】		(전유부분의 건물의 표시)		
표시번호	접 수	건물번호	건 물 내 역	등기원인 및 기타사항
1	2005년4월4일	제5층 제***호	철근콘크리트구조 45.12㎡	도면편철장 제1책 제112장

		(대지권의 표시)		
표시번호	대지권종류		대지권비율	등기원인 및 기타사항
1	1. 2 소유권대지권		647. 4분의 5. 15	2005년3월5일 대지권 2005년4월4일
2				별도등기 있음 1동건물(을구 11번 근저당권설정 등기, 을구 18번 저당권설정 등기), 2동건물(을구 3번 근저당권설정 등기, 을구 4번 저당권설정 등기) 2005년4월4일
3				2번 별도등기 말소 2005년4월25일

【 갑 구 】		(소유권에 관한 사항)		
순위번호	등 기 목 적	접 수	등 기 원 인	권 리 자 및 기 타 사 항
1	소유권보존	2005년4월4일 제31581호		공유자 지분 4분의 1 배* 한 570125-1******

게 하나 이상, 즉 여러 개의 필지 위에 건물이 있는 경우가 있어요."

"이렇게 필지가 여러 개일 때 유의해야 할 점이 있나요?"

지혜가 물었다.

"네, 있어요. 여러 필지 위에 건물이 서 있다 보니 건물이 서 있는 곳과 아닌 구역이 있습니다. 그래서 임차인으로서 전입 신고를 할 때는 지번 모두를 적어서 신고를 해두는 것이 좋습니다. 또 입찰인으로서는 해당

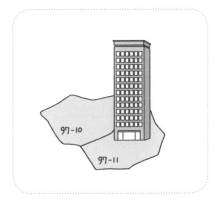

지번에 누가 살고 있는지 확인하면서 각 지번을 모두 열람해볼 필요가 있겠지요."

"여사님, 저는 여기에 계속 나오는 '갑구, 을구' 이런 게 무슨 말인지 궁금해요. 등기부에도 갑을 관계가 나오는 건가요?"

평범의 질문에 나경매 여사가 크게 웃었다.

"재미있네요. 하지만 그런 뜻은 아니랍니다. 등기부는 크게 두 가지로 나눠 기재를 합니다. 소유권과 관련된 권리를 기재하는 갑구, 소유권 이외의 권리를 기재하는 을구로 말이죠."

[집합건물] 서울특별시 구로구 구로동		1번지	제5층 제 ***호	고유번호 2543-2005-0071 **	
순위번호	등 기 목 적	접 수	등 기 원 인	권리자 및 기타사항	
		— 갑구에 기재되는 내용		서울 양천구 신월동 630-15 지분 4분의 1 이 * 남 521125-2****** 서울 양천구 신월동 630-15 지분 4분의 1 이 * 돈 490205-1****** 서울 강서구 화곡동 342-107 지분 4분의 1 박 * 부 430205-1****** 서울 양천구 목동 926	
1-1	1번등기명의인표시변경		2005년11월25일 전거	배 * 한외 주소 서울 성북구 종암동 131 이 * 남외 주소 서울 성북구 종암동 131 2006년3월6일 부기	
2	공유자전원지분전부이전	2006년3월6일 제16547호	2006년2월20일 매매	소유자 김 * 석 600521-1****** 서울 마포구 망원동	
3	압류	2006년5월8일 제6773호	2006년5월8일 압류(세무1과-5593)	권리자 서울특별시구로구(세무1과)	
4	3번압류등기말소	2006년9월27일 제83132호	2006년9월27일 해제		
5	가압류	2006년12월11일 제113749호	2006년12월6일 인천지방법원의 가압류 결정(2006카단209 *)	청구금액 금299,562,105원 채권자 ㈜ 신용협동조합 124246-0000572 인천 부평구 삼곡1동 35-4	

"갑구에는 소유권 보존 및 이전등기, 가압류, 가등기, 가처분, 압류,

경매개시결정기입등기, 임차권등기, 환매특약권등기 등이 기재되고, 을구에는 근저당, 저당권, 전세권, 지상권, 지역권 등과 같은 권리가 기재된답니다. 그리고 예고등기의 경우 소유권 관련 소송으로 기입된 것이라면 갑구에, 근저당권이나 저당권 등기 관련 소송으로 기입된 것이라면 을구에 기재됩니다."

"아 그렇군요. 정말 등기부에는 모든 것이 시간순으로 한 번에 기재되는 것이 아니군요. 그런데 어떤 내용이 어디에 기재된다는 것을 모두 외워야 하나요?"

지혜가 등기부 내용을 살펴보며 걱정스러운 눈빛으로 물었다.

"그건 아니에요. 여러 등기부를 보다 보면 자연스럽게 익히게 됩니다. 다만 등기부에는 각 권리들이 내용에 따라 갑구와 을구로 나뉘고, 갑구와 을구에 기입되는 시간 순서로 기재가 된다는 것 정도는 알아둬야겠지요. 한 가지 더, 접수 날짜와 원인 날짜도 기억해야 합니다. 권리의 순위는 원인 날짜로 정해지는 것이 아니라 접수 날짜, 즉 구체적으로 말하면 접수번호 순서라는 것도 기억해두세요."

"접수 날짜라…. 알겠습니다. 그런데 '공유자지분 전부 이전'이라는 말은 무엇인가요?"

평범이 '공유자'라고 적힌 내용을 가리키며 물었다.

"한 부동산을 두 명 이상이 소유할 경우 공동으로 부동산을 소유한다고 말합니다. 이처럼 부동산을 공동으로 소유하는 이들을 '공유자'라고 부르며, 이 공유자들을 모두 표시하게 됩니다. 이들은 부동산에

[집합건물] 서울특별시 구로구 구로동		1필지	제5층 제***호		고유번호 2543-2005-007149 **
순위번호	등 기 목 적	접 수	등 기 원 인	권 리 자 및 기 타 사 항	
6	압류	2007년2월1일 제10054호	2007년1월29일 압류 (세원2-339)	권리자 국 처분청 구로세무서	
7	임의경매개시결정	2007년7월24일 제63004호	2007년7월23일 서울남부지방법원의 경매개시결정(20**타경1 57**)	채권자 주식회사한국 ** 은행 서울 중구 을지로2가 (여신정리부)	
8	가압류	2007년7월27일 제63367호	2007년7월23일 서울중앙지방법원의 가압류결정(20**카단765 0*)	청구금액 금37,551,602원 채권자 주식회사 케이티 ** 서울 강남구 일성동144-17	
9	가압류	2007년8월23일 제70385호	2007년8월22일 서울중앙지방법원의 가압류결정(2007카단533 **)	청구금액 금84,000,000원 채권자 대우해양탈 주식회사 대전 대덕구 송촌동	

【 을 구 】		(소유권 이외의 권리에 관한 사항)			
순위번호	등 기 목 적	접 수	등 기 원 인	권 리 자 및 기 타 사 항	
1	근저당권설정	2006년3월9일 제17313호 —— 을구에 기재되는 내용	2006년3월9일 설정계약	채권최고액 금19,500,000원 채무자 강*석 서울 마포구 망원동 근저당권자 주식회사한국 *** 은행 서울 중구 을지로2가 (구로기정)	

대해 가진 지분만큼 권리를 가집니다. 이를 두고 '공유지분'이라고 하죠. 그러니 '공유자지분 전부 이전'이라는 말은 여러 명이 공동으로 소유하고 있다가 한 사람 혹은 또 다른 공유자들에게 모든 지분을 넘겼다는 뜻입니다."

"음, 뭔가 단어가 생소하고 길다 보니 한 번에 이해가 안 되네요. 여러 명이 이 오피스텔을 소유하고 있다가 새로운 소유자에게 모든 소유 권리를 넘겨준 것이라고 이해하면 될까요? 이럴 경우 낙찰자가 따로 신경 써야 할 것은 없나요?"

"네, 잘 이해했어요. 이 경우 모든 지분이 이전된 것이기에 낙찰자가 따로 신경 써야 할 문제는 없습니다."

"그런데 저는 여기 채권자와 채무자라는 표시도 잘 이해가 되지 않아요."

지혜가 손을 들어 질문했다.

"좋은 질문이에요. 쉽게 말해 채권자는 돈을 빌려준 사람, 채무자는 돈을 빌린 사람입니다. 일반적으로 소유자와 채무자는 동일해요. 그런데 근저당이 설정된 상태에서 소유자가 바뀌었거나 대출받을 당시 돈을 빌린 사람과 부동산을 담보로 제공한 사람이 다를 경우, 소유자와 채무자가 다릅니다. 하지만 낙찰자가 소유권을 이전받는 데는 아무런 문제가 없답니다."

나 여사의 설명에 두 사람은 고개를 끄덕였다.

"이제 등기부를 어떻게 보는지 알게 되었으니 다음 주부터는 본격적으로 권리분석 공부를 시작할게요. 다음 주 이틀만 제대로 배워도 충분히 기본적인 권리분석은 할 수 있게 될 겁니다."

모든 것이 생소해서 어렵게만 느껴졌던 등기권리들에 대해 알게 되면서, 평범과 지혜는 나와 상관없다고 여겼던 부동산경매가 한결 가깝게 느껴졌다. 부동산경매의 핵심이라고 할 수 있는 권리분석까지 배우고 나면, 뿌옇게 앞을 가로막았던 안개가 서서히 걷히며 예전에 몰랐던 지식의 세계가 열릴 것 같은 기대감까지 생겼다.

부동산경매 돋보기

★ 단독주택 등기부 보는 법

단독주택, 다가구주택, 근린주택의 경우 건물 등기부와 토지 등기부
가 따로 있어서 항상 두 증명서 모두 열람해야 한다. 다음은 어느 단
독주택의 건물 등기부와 토지 등기부다. 건물 등기부를 보면 집합건
물 등기부와 달리 표제부에 건물 내역만 있고 토지 내역은 기재되어
있지 않다는 걸 알 수 있다. 이처럼 토지 내역은 토지 등기부를 열람
해야만 볼 수 있다.

단독주택은 건물 등기부와 토지 등기부가 따로 있다

등기사항전부증명서(말소사항 포함) - 건물

[건물] 경기도 안산시 단원구 대부북동 1505- ＊＊

고유번호 1314-2008-0084 ＊＊

【 표 제 부 】 (건물의 표시)			
표시번호	접 수	소재지번 및 건물번호	건 물 내 역	등기원인 및 기타사항
1	2008년5월5일	경기도 안산시 단원구 대부북동 1505- ＊＊	일반철골구조 기와지붕 2층 제2종근린생활시설 1층 일반음식점 49.5㎡ 2층 사무소 49.5㎡	

표제부에 건물의 표시만 있다

【 갑 구 】 (소유권에 관한 사항)			
순위번호	등 기 목 적	접 수	등 기 원 인	권 리 자 및 기 타 사 항
1	소유권보존	2008년5월1일 제33545호		소유자 고＊숙 540620-＊＊＊＊＊＊＊ 경기도 안산시 단원구 대부북동
2	압류	2009년5월9일 제37938호	2009년5월9일 압류+부두과+7954＊	권리자 경기도안산시단원구
3	2번압류등기말소	2009년12월5일 제111329호	2009년12월5일 압류해제	
4	소유권이전	2013년5월11일 제54952호	2013년5월29일 매매	소유자 장＊호 650912-＊＊＊＊＊＊＊ 경기도 안산시 단원구 종현로 매매목록 제2013-552호
5	가압류	2014년9월12일 제876＊＊호	2014년9월11일 인천지방법원	청구금액 금40,000,000 원 채권자 이＊용 440305-＊＊＊＊＊＊＊

갑구와 을구에 표시되는 것은 집합건물 등기부와 같다

【 표 제 부 】		(토지의 표시)			
표시번호	접 수	소 재 지 번	지 목	면 적	등기원인 및 기타사항
1	1949년5월18일	경기도 용인군 대부면 부지	답	88평	
					부동산등기법 제177조의 6 제1항의 규정에 의하여 1999년 11월 18일 전산이기
2		경기도 안산시 대부북동	답	88평	1999년11월26일 행정구역명칭변경으로 인하여 1999년11월26일 등기
3		경기도 안산시 단원구 대부북동	답	88평	2000년1월1일 행정구역명칭변경으로 인하여 2000년11월5일 등기
4		경기도 안산시 단원구 대부북동	답	291m²	면적단위환산 전산이기 2007년5월27일 등기
5	2007년5월27일	경기도 안산시 단원구 대부북동	답	291m²	분할로 인하여 답 90m²을 등기노 안산시 단원구 대부북동
6	2008년7월18일	경기도 안산시단원구 대부북동	대	281m²	지목변경

└ 표제부에 토지에 관해서만 표시된다

건물 등기부와 토지 등기부도 집합건물 등기부에서처럼 갑구에는 소유권에 관한 권리와 가압류, 압류, 경매개시결정기입등기 등이 기재되고, 을구에는 근저당, 전세권 등이 기재된다.

Chapter 2

"경매로 나온 물건 중에서 괜찮은 부동산을 고를 때는 가장 먼저 권리적으로 문제가 없는 물건인지를 확인해야 합니다. 경우에 따라 소멸되지 않고 남아 낙찰자가 인수해야 하는 권리가 있을 수 있기 때문이죠."

얽힌
문제를
분석하라

"투자가가 되는 법을 배우기 위해 시간을
투자하지 않는다면,
너는 계속 '투자는 너무 위험해'라고 말하며,
평생 투자에 대한 공포 속에서 살게 될 것이다."

로버트 기요사키Robert T. Kiyosaki, 샤론 레흐트Sharon Lechter의
《부자 아빠 가난한 아빠 2》 중

01

기억해, 말소기준권리

평범과 지혜가 가쁜 숨을 몰아쉬며 스터디룸으로 들어섰다. 알람소리를 듣지 못해 늦잠을 잔 평범에게 지혜가 스터디룸까지 뛰자고 제안했기 때문이었다.

"괜찮아요. 그렇다고 뛸 것까지야. 이렇게 커피를 마시며 기다리는 것도 운치 있고 좋은데요. 그래도 지혜 씨가 이렇게 열심히 해주니 저도 가르칠 맛이 나네요!"

마시던 테이크아웃 커피잔을 내려놓으며 나경매 여사가 말했다. 지혜는 수줍게 웃으며 자리에 앉았고, 평범도 노트북을 펼치며 전원을 켰다.

"자, 그럼 그 열심에 부응하고자 저도 최선을 다할게요! 지난주에는 등기부 보는 방법에 대해 살펴봤어요. 이번 주에는 두 분이 후보로 선정한 부동산, 입찰할 부동산에 권리상의 문제는 없는지 알아보는, 즉 권리분석을 배워보려고 해요. 해당 부동산에 대해 제대로 권리분석을 하려면, 가장 먼저 '말소기준'을 알아봐야 합니다."

● ● ● 사라지는 권리, 살아남는 권리

"말소기준?"

나경매 여사의 이야기를 들으며 키보드를 치던 평범이 지혜를 보며 용어를 확인했다. 지혜도 고개를 끄덕이긴 했지만 그 뜻은 전혀 모르는 눈치였다.

"지난 시간에 설명했듯이 경매로 나온 부동산에는 일반적으로 각종 권리가 등기되어 있습니다. 누군가가 그 부동산을 낙찰받은 후 대금을 납부하면 법원은 그것으로 돈을 받아야 할 채권자들에게 변제를 해준답니다. 이를 '배당'이라고 해요. 채권자들은 배당을 통해 자신이 받을 수 있는 금액에 대해서 변제받을 수 있지요. 따라서 낙찰자가 대금을 납부하고 소유권이전등기를 하면 각 권리들이 그 부동산의 등기부에서 지워집니다."

"아하, 등기부에서 지워지는 걸 '말소된다'고 하는 거군요. 그런데 지워진다고 하셨는데, 모든 권리가 다 지워지는 건가요?"

지혜가 펜으로 허공을 가르며 말했다.

"그건 아니에요. 등기부에서 지워지는 권리란 해당 부동산에서 효력이 없어진다는 의미인데요. 모든 권리가 지워지는 것이 아니라 지워지지 않고 그대로 남게 되는 권리도 있습니다. 따라서 지워지지 않고 그대로 남아서 낙찰자에게 인수되는 권리가 있는지를 파악하는 것이 중요해요. 이때 소멸과 인수의 기준이 되는 권리를 법으로 정해놓았는데, 이를 '말소기준권리' 혹은 '말소기준등기'라고 합니다."

"인수되는 권리요? 그런 권리가 있으면 어떻게 되는 거죠?"

예리한 눈빛으로 지혜가 물었다.

"만약 그런 권리를 인수하게 되면 소유권 이전을 했다 하더라도 마음대로 소유권 행사를 할 수 없게 되거나, 낙찰자가 추가로 인수해야 하는 금액이 발생할 수 있지요. 따라서 유의해야 합니다."

나경매 여사의 설명을 듣던 평범은 예전 직장동료에게서 들은 이야기 하나가 떠올랐다.

> 등기촉탁 : 원래 등기는 당사자가 하는데, 경매와 같이 법원이나 관공서가 등기소에 요청하여 등기하게 되는 것을 등기촉탁이라고 한다.

낙찰 ▶ 잔금납부 ▶ 등기촉탁*

말소기준권리보다 먼저 등기된 권리들 ⋯⟶ 인수

말소기준권리보다 늦게 등기된 권리들 ⋯⟶ 말소기준권리와 함께 소멸

"그런데 그런 위험한 권리가 있는 물건일수록 유찰이 많이 돼서 수익률이 아주 높다는 것 같던데요?"

"네, 위험해 보이지만 사실은 위험하지 않은 경우엔 그럴 수도 있지요. 하지만 그 물건이 위험한지 아닌지를 파악하려면 어느 정도 지식과 경험이 쌓여야겠지요. 그러한 물건을 어떻게 다루어야 하는지도 알아야 하고요. 이처럼 위험해 보이는 권리가 있는 부동산을 '특수물건'이라고 합니다. 특수물건에 대해서는 나중에라도 기회가 될 때 배워두면 도움이 많이 될 거예요. 하지만 지금은 두 분이 단기간 내에 저렴하게 신혼집을 마련하는 것이 목표이기에 특수물건은 다루지 않을 거예요. 부동산경매를 통해 집을 마련하려면 위험한 권리를 인수해선 안 되겠죠? 이제 말소기준권리 찾는 방법을 배워봅시다. 먼저, 말소기준권리가 되는 것은 다음과 같습니다."

말소기준권리가 될 수 있는 등기들 ✏️

근저당권, 저당권, 가압류, 압류, 담보가등기, (강제)경매개시결정기입등기

※ 이 중에서 가장 먼저 등기된 권리 하나가 말소기준권리가 된다(상황에 따라, 선순위* 전세권이 말소기준권리가 되거나 드물지만 선순위 가처분기입등기일이 말소기준이 되는 경우도 있다).

선순위 : 다른 권리자보다 권리가 앞서는 것. 혹은 말소기준권리를 기준으로 순위가 빠른 것

후순위 : 다른 권리자보다 권리가 뒤서는 것. 혹은 말소기준권리를 기준으로 순위가 늦는 것

"만약 이와 같은 권리들이 말소기준권리보다 먼저 등기되어 있다면 지워지지 않으므로 낙찰자가 인수해야 합니다. 그리고 말소기준권리보다 늦게 등기된 권리들은 말소기준권리와 함께 소멸됩니다. 한 가지 더 이야기하자면, 등기권리들 중에서 '가처분'이라는 것이 있습니다. 가처분은 여러 가지 이유로 등기될 수 있는데요. 말소기준권리보다 빠르면 인수되고 말소기준권리보다 늦으면 소멸됩니다. 다만 반드시 유의해야 할 점은 간혹 말소기준권리보다 늦게 등기된 가처분도 말소되지 않고 인수되는 경우가 있다는 겁니다. 바로 '건물철거 및 토지인도

가처분, 가등기, 지상권, 전 소유자의 가압류, 지역권, 환매특약등기, 예고등기, 전세권, 임차인, 임차권등기 ···› 인수

(근)저당권, 가압류, 압류, 담보가등기, 강제경매개시결정기입등기 중 접수일자가 가장 빠른 등기 ···› 말소기준권리

(근)저당권, 가압류, 압류, 담보가등기, 소유권이전청구권보전가등기, 지상권, 지역권, 환매특약등기, 전세권, 임차인, 임차권등기, 경매개시결정기입등기, 가처분 ···› 소멸

예고등기, 건물철거 및 토지인도에 관한 가처분* ···› 인수

에 관한 가처분*이라는 것이에요."

"어머, 이름도 어렵네요. 그 건물철거 및 토지인도에 관한 가처분이라는 것을 쉽게 구분할 수 있나요?"

건물철거 및 토지인도에 관한 가처분 : 가처분을 한 원인이 토지소유자가 자신의 토지 위에 있는 타인의 건물에 대해 건물철거 및 토지를 인도해줄 것을 요구하는 소송에 관한 것일 때 건물철거 및 토지인도에 관한 가처분을 하게 된다.

지혜가 걱정스러운 표정을 지으며 물었다.

"경매정보 사이트에서 보면, 건물철거 및 토지인도에 관한 가처분이라는 것이 기재될 때도 있지만 그렇지 않은 경우도 있어요."

"그럼 어떻게 확실하게 구분할 수 있을까요?"

"가처분 등기가 되어 있다면 말소기준권리보다 빠른 것이든 늦은 것이든 반드시 등기부를 확인해봐야겠지요. 등기부에는 가처분과 관련된 내용이 기재되어 있거든요. 그래서 등기부를 확인하는 것이 중요하다는 겁니다."

"그럼 말소기준권리보다 늦은 가처분 중 건물철거 및 토지인도에 관한 가처분은 인수된다고 생각하면 될까요?"

평범이 자기가 이해하고 정리한 내용을 확인하듯이 물었다.

"네, 맞아요. 또 말소기준권리보다 늦어도 인수되는 권리가 하나 더 있어요. '예고등기'라는 것입니다."

"예고등기요? 그건 뭔가요?"

"예고등기는 부동산이 등기와 관련하여 소송 중에 있다는 것을 알리기 위해 등기를 해놓은 거예요. 즉 실제 등기가 아닌 예고의 목적으로 등기를 한 것이라서 그렇게 부릅니다. 소송 결과에 따라 나중에 부동산의 등기부 권리에 변동사항이 생길 수 있으므로 조심하라는 경고를 해둔 거라고 할 수 있답니다. 다만 예고등기는 2011년 10월 13일로 폐지되었으나 이전에 등기된 것은 효력이 있으니 유의해야 해요."

"좀 어렵네요. 초보자인 우리가 이해하기는 좀 어려운 거 같아요."

지혜가 긴장한 탓에 뭉친 뒷목을 손으로 주무르며 말했다.

"네, 좀 그렇죠? 하지만 처음부터 완벽히 이해할 수 없다고 조바심을 낼 필요는 없어요. 일단 초보자라면, 후순위에 있는 '예고등기(단, 을구에 기재되는 근저당 관련 예고등기는 소멸된다)와 건물철거 및 토지인도에 관한 가처분은 말소기준보다 늦게 등기되었더라도 소멸되지 않고 인수된다'는 정도로 기억하고, 등기부에 예고등기나 건물철거 및 토지인도에 관한 가처분 등기가 있다면 우선은 이런 물건에 접근하지 않는 것이 좋습니다."

나 여사의 설명을 들으며 지혜는 약간 안심이 되는 눈치였다. 그녀는 노트에 다음과 같이 적었다.

예고등기는 말소기준권리보다 늦더라도 인수,
가처분은 건물철거 및 토지인도에 관한 것이라면 인수,
초보자는 이런 물건에 접근하지 않는다.

●●● 후보 물건 권리분석하기

"자, 이제 두 분이 골라온 후보 물건들을 한번 살펴볼까요? 이 물건들의 말소기준을 찾아보고 인수되는 권리가 있는지 확인해볼게요."

나경매 여사의 말에 평범과 지혜는 각 물건들의 등기부 현황을 살폈다.

물건 1

	접수	권리 종류	권리자	채권금액	비고	소멸 여부
1. 갑1	2008.10.31.	소유권 보존	조XX			
2. 을3	2014.06.14.	근저당	윤XX	170,000,000원	말소기준권리	소멸
3. 갑4	2014.07.05.	압류	서울특별시 성북구			소멸
4. 갑5	2014.10.07.	강제경매	김XX	17,000,000원	청구금액	소멸
5. 갑6	2015.04.30.	압류	서울특별시 성북구			소멸

등기부 현황

물건 2

	접수	권리 종류	권리자	채권금액	비고	소멸 여부
1. 갑1	1998.07.11.	소유권 이전 (매매)	주XX			
2. 을14	2013.03.12.	근저당	조은은행	260,000,000원	말소기준권리	소멸
3. 갑12	2013.08.06.	압류	성동세무서			소멸
4. 갑13	2015.08.20.	임의경매	조은은행	240,000,000원	청구금액	소멸
5. 갑14	2015.08.29.	압류	국민건강 보험공단			소멸

등기부 현황

물건 3

	접수	권리 종류	권리자	채권금액	비고	소멸 여부
			등기부 현황			
1. 갑4	2000.09.01.	소유권 이전 (매매)	김XX			
2. 을2	2008.09.10.	근저당	우리은행	36,000,000원	말소기준권리	소멸
3. 을4	2009.11.26.	근저당	한국스탠드은행	169,000,000원		소멸
4. 갑10	2010.03.09.	가압류	이XX	400,000,000원		소멸
5. 갑11	2014.03.19.	가압류	신한카드	6,320,630원		소멸
6. 갑12	2015.07.10.	임의경매	한국스탠드은행	133,493,053원	청구금액	소멸

평범과 지혜는 단 몇 분 만에 말소기준권리를 찾고 인수되는 권리 여부를 파악할 수 있었다.

"저희가 고른 세 물건들 중에서 인수되는 등기권리는 없는 것 같아요. 모두 말소기준권리와 함께 등기권리들이 소멸되네요?"

지혜가 자신 있는 목소리로 말했다.

"맞습니다. 아주 잘하셨어요."

"권리분석이라는 게 생각보다는 쉽네요."

자신이 분석한 내용이 모두 맞자, 지혜의 목소리 톤이 올라갔다.

"그런데 한 가지 궁금한 것이 있어요. 다른 권리들은 소멸하는데 소유권 보존과 소유권 이전 표시는 그대로 두는 게 맞나요?"

평범이 권리분석을 하면서 궁금했던 부분을 물었다.

"소유권 부분은 최종적으로 표시된 소유자가 소유권을 갖게 됩니다. 따라서 건물에 처음 소유권 표시를 한 소유권보존등기나 그 사이 소유권 이전된 사항들은 지우지 않고 그대로 둔답니다."

평범이 고개를 끄덕였다.

"지금까지는 등기권리들 중 인수되는 권리가 있는지 알아봤습니다. 이제 권리분석에서 매우 중요한 내용을 짚어볼 차례예요. 바로 임차인들에 대한 분석이죠. 경매로 나온 부동산에 임차인이 있다면 임차인의 보증금이 모두 변제되는지 파악해야 합니다. 만약 모두 변제받지 못하는 경우라면 그 금액을 낙찰자가 인수해야 하는지도 알아봐야겠지요. 이때 임차인의 보증금 인수 여부를 결정하는 기준도 말소기준권리입니다. 임차인이 말소기준권리보다 먼저 전입신고를 하고 이사를 한 경우라면 이 임차인은 보증금을 모두 변제받을 때까지 그 부동산에 계속 거주해도 되거든요. 이런 임차인을 가리켜 '대항력 있는 임차인'이라고 합니다. 이 대항력 있는 임차인에 대한 분석은 정말 중요해요. 그러니 잘 배워둬야 합니다."

임차인의
권리들

평범과 지혜는 그들이 고른 물건들의 임차인 내역서를 읽어내려갔다. 그런데 어떻게 분석을 해야 하는 것인지 전혀 감이 잡히지 않았다.

"부동산경매에서의 권리분석은 임차인 분석이라고 해도 과언이 아니에요. 그만큼 중요하다는 것이죠. 임차인을 제대로 분석하려면 먼저 임차인의 전입과 점유의 효력을 알아야 합니다."

"전입이라면 우리가 이사를 하고 주민센터에 가서 전입신고를 하는 걸 말씀하시는 건가요? 근데 점유는 뭔가요?"

지혜가 아리송해진 표정으로 물었다.

"점유는 쉽게 말해, 어떤 부동산에 이사를 가서 거주하는 것을 뜻해요. 하지만 사람이 거주하는 것뿐 아니라, 짐만 있어도 점유라고 할 수 있답니다."

"짐만 두고 있는 경우라면 어느 정도까지 인정되는 건가요? 짐의 양이 많아야 하나요? 아니면 적은 양이라도 짐만 있으면 점유라고 할 수 있나요?"

평범이 질문했다.

"신발 하나만 두고 있어도 점유라고 할 수 있어요. 살던 사람이 다른 사람에게 열쇠를 주거나 번호 키의 비밀번호를 알려주고 완전히 이사를 간 경우가 아니라면, 계속 점유하고 있다고 봐야 합니다."

●●● 강력한 임차인의 대항력

"임차인이 집주인과 임대차계약서를 썼다고 해서 법의 보장을 받을 수 있는 것은 아닙니다. 반드시 전입신고를 하고 이사(점유)를 해야 합니다. 단 전입신고의 경우 신고 즉시 전입의 효력이 발생하는 것이 아니며, 신고 다음날 0시부터 그 효력이 인정됩니다. 따라서 임차인의 전입 효력은 다음날 0시부터 발생하는 것으로 계산합니다."

전입의 효력 발생일 : 다음날(익일) 0시부터

"점유도 마찬가지입니다. 효력은 점유를 한 그 다음날 0시부터 발생한다는 것을 기억해두세요. 이렇게 전입과 점유를 하게 되면 임차인은 자신의 보증금을 돌려받을 수 있을 때까지 집을 비워주지 않아도 되는 대항 요건을 갖추게 되는 것입니다."

대항 요건 : 전입신고를 하고 점유를 해야 한다.

"그런데 부동산경매로 물건이 나왔을 경우는 상황이 달라집니다. 이때는 임차인이 대항 요건을 갖추었다는 이유로 무조건 낙찰자에게 자신의 보증금을 모두 돌려받을 때까지 이사를 가지 않겠다고 주장할 수만은 없거든요. 중요한 것은 임차인이 전입신고와 점유를 말소기준권리보다 먼저 했느냐 아니냐입니다. 말소기준권리보다 먼저 전입과 점유를 마친 임차인만이 대항력을 주장할 수 있으니까요. 이러한 임차인을 '선순위 임차인'이라고도 부릅니다. 반대로 말소기준권리보다 늦은 임차인은 대항력이 없는 임차인, 혹은 '후순위임차인'이라고 합니다."

대항력 있는 임차인

: 전입과 점유(대항 요건)를 말소기준권리보다 먼저 마친 임차인

"따라서 경매로 나온 부동산에 대항력이 있는 임차인이 있다면 입찰자는 매우 유의해서 분석해야 합니다. 대항력 있는 임차인이 법원의 배당금으로 자신의 보증금을 모두 변제받지 못할 경우 이를 낙찰자가

인수해야 하기 때문입니다."

"이러한 상황에서 대항력이 없는 임차인은 어떻게 되는 거죠?"

평범이 약간은 걱정스러운 기색으로 나경매 여사에게 물었다.

"대항력이 없는 임차인의 경우 법원으로부터 받은 배당금으로 자신의 보증금을 모두 변제받지 못한다고 해도 낙찰자에게 집을 비워줘야 합니다."

"전부를 배당받지 못했는데도 비워줘야 한다고요?"

평범은 다소 충격을 받았다. 현재 전세 세입자로 거주하고 있는 탓에 임차인에게 감정 이입을 했기 때문이었다. 지금의 전셋집에 이러한 문제가 얽혀 있는 건 아닌지 불안하기까지 했다.

"네. 일부 금액만 받든 전부를 받든 혹은 전부를 받지 못하든 낙찰자에게 집을 비워주어야 합니다."

"그럼 받지 못한 금액에 대해선 어떻게 보상받을 수 있나요?"

평범이 놀란 눈으로 따지듯 물었다.

"미처 돌려받지 못한 금액에 대해서는 전 소유자를 상대로 따로 소송을 해서 받아야 하는데, 사실상 이렇게 받을 수 있는 경우는 많지 않아요."

나경매 여사가 고개를 저으며 말했다.

"안타깝네요. 그래서 여사님이 부동산경매를 하지 않아도 등기부를 볼 줄 알아야 한다고 말씀하신 거군요. 이제야 그 이야기가 피부에 와 닿네요. 등기부에 등기된 권리를 잘 모르는 상태로 계약했다가 자칫 큰일이 날 수도 있겠어요."

평범은 지혜가 이야기했던 친구의 일이 얼마나 심각하고 난감한 상황인지 이해할 수 있을 것 같았다.

"그렇지요. 이처럼 사소하고 별것 아닌 듯 보이는 법 내용을 모르고 간과했다간 힘들게 모아놓은 전 재산까지 잃을 수 있답니다. 다행인 것은 이러한 상황에 놓인 임차인들을 구제하기 위해서 소액임차인*에 대해 최우선적으로 변제해주는 제도가 있어요. 상세한 내용은 다음에 설명하기로 하고, 먼저 대항력 있는 임차인을 분석하는 방법에 대해 확실히 배워봅시다."

> 소액임차인 : 주택임대차보호법*에 의해 정해진 어느 일정 금액 이하의 보증금액을 내고 있는 임차인
>
> 주택임대차보호법 : 국민의 주거생활의 안정을 보장하기 위해 민법의 특례를 규정한 법률
>
> 대항력 발생일 : 자신이 갖고 있는 법률관계를 제3자에게 주장할 수 있는 효력이 발생되는 날짜 혹은 시간

나경매 여사는 몇 가지 내용을 화이트보드에 적어 내려갔다.

임차인이 대항력을 주장할 수 있는 요건

전입과 점유를 말소기준권리보다 먼저 마친 경우

단, 대항력 발생일*은 전입과 점유 효력의 각 발생일 중 늦은 날

"예를 들어, 홍길동이 특정 부동산에 2016년 1월 1일 전입신고를 하고 2016년 1월 2일 이사(점유)했다면 전입의 효력은 2016년 1월 2일 0시부터 발생하지만, 점유의 효력은 2016년 1월 3일 0시부터 발생합니

다. 이 경우 대항력 효력은 2016년 1월 3일 0시부터 발생한다고 볼 수 있지요."

"이렇게 예를 들어 설명해주시니까 이해가 쉽네요."

지혜가 웃으면서 이야기했다.

"이제 두 분이 고른 후보 물건 세 개 중에서 첫 번째 물건 임차인의 대항력 발생일을 계산해볼까요?"

••• 놓쳐서는 안 될 대항력 분석

평범과 지혜는 다소 긴장된 자세로 임차인들의 대항력 발생일을 계산하려고 했다. 그러나 임차인의 점유 날짜가 정확하지 않다 보니 어떻게 계산을 해야 하는 건지 알 수가 없었다.

"여사님, 막상 실제 물건에 적용해보려고 하니 점유일이 정확히 기재되어 있지 않아 난감하네요."

어찌 된 영문인지 모르겠다는 표정으로 평범이 물었다.

물건 1	말소기준권리 : 2014년 6월 14일 근저당		
임차인 현황(배당요구종기일 : 2014.12.27.)			
임차인	점유 부분	전입/확정/배당	보증금/월차임
김차인	주거용 전부	전입 : 2013.12.07. 확정 : 2013.12.07. 배당요구일 : 2014.10.18.	보 160,000,000원

"네, 잘 보셨어요. 이론상으로는 전입 날짜와 점유 날짜를 각각 따져서 대항력 발생일을 계산하지만 실전에서는 점유 날짜가 불분명한 경우가 많습니다. 만약 전입 날짜와 점유 날짜가 다르다면 일반적으로 전입 날짜만을 기준으로 해 대항력 발생일을 계산한답니다."

"그럼 점유 날짜를 완전히 무시해도 되는 건가요?"

지혜가 허공에 가위표를 그으며 물었다.

"꼭 그런 것은 아니에요. 매각물건명세서 비고란 등에 특별히 기재된 경우라면 그 내용에 따라 점유 날짜도 감안해서 계산해야 합니다. 그런데 그런 경우는 많지 않아요. 임차인에 대해 분석할 때는 이렇게 경매정보 사이트에 기재된 내용만으로 판단하지 말고, 반드시 매각물건명세서에 기재된 내용까지 확인한 뒤 분석해야 합니다."

"매각물건명세서는 어디에서 볼 수 있나요?"

"매각물건명세서는 법원경매정보 사이트에 올라온 것을 보면 됩니다. 다만 유료 경매정보 사이트에서는 매각물건명세서를 항상 열람할 수 있지만, 일반적으로 법원경매정보 사이트에서는 매각일(입찰일) 일주일 전부터만 열람할 수 있어요. 이것이 법원의 매각물건명세서 내용이에요."

나경매 여사가 노트북 모니터의 '매각물건명세서' 버튼을 클릭하자 화면이 떴다.

"그럼 이를 바탕으로 물건 1의 임차인 대항력 발생일을 한번 계산해볼까요?"

위치도<1>
전경도<14>
지적도<2>
관련사진<6>

총락 매각물건명세서 현황조사서 감정평가서 사건상세조회 관심물건등록

매각물건 명세서

사건	2014타경 XXXX 부동산강제경매 2015타경 XXX (병합)	매각물건 번호	5	담임법관 (사법보좌관)	김XX
작성일자	2015.12.09.	최선순위 설정일자		2014.06.14. 근저당권	
부동산 및 감정평가액 최저매각가격의 표시	주거용 전부	배당요구 종기일		2014.12.27.	

부동산의 점유자와 점유의 권원, 점유할 수 있는 기간, 차임 또는 보증금에 관한 관계인의 진술 및 임차인이 있는 경우 배당요구 여부와 그 일자, 전입신고일자 또는 사업자등록신청일자와 확정일자의 유무와 그 일자

점유자 의 성명	점유부분	정보출처 구분	점유의 권원	임대차기간 (점유기간)	보증금 (원)	차임	전입신고일자, 사 업자등록신청일자	확정일자	배당요구 여부 (배당요구 일자)
김차인	4층 401호	현황조사	주거 임차인	미상	160,000,000		2013.12.07.	미상	
	전부	권리신고	주거 임차인	2013.12.07.~ 2015.12.06.	160,000,000		2013.12.07.	2013.12.07.	2014.10.18.

〈비고〉

※최선순위 설정일자보다 대항요건을 먼저 갖춘 주택, 상가건물 임차인의 임차보증금은 매수인에게 인수되는 경우가 발생할 수 있고, 대항력과 우선 변제권이 있는 주택, 상가건물 임차인이 배당요구를 하였으나 보증금 전액에 관하여 배당을 받지 아니한 경우에는 배당받지 못한 잔액이 매수인에게 인수되게 됨을 주의하시기 바랍니다.

※ 등기된 부동산에 관한 권리 또는 가처분으로 매각허가에 의하여 그 효력이 소멸되지 아니하는 것
해당사항 없음

※매각허가에 의하여 설정된 것으로 보는 지상권의 개요
해당사항 없음

※비고란

"임차인인 김차인의 전입일은 2013년 12월 7일이고 점유일도 2013년 12월 7일이므로 대항력 발생일은 2013년 12월 8일 0시부터네요."

지혜가 임차인의 대항력 발생일을 계산해 바로 대답했다.

"잘하셨어요. 그럼 이 임차인은 대항력이 있나요?"

"음, 임차인의 대항력 발생일이 말소기준권리가 되는 근저당 등기접수일 2014년 6월 14일보다 더 빠르기 때문에 김차인은 대항력이 있어요."

"네, 아주 잘했습니다. 이렇게 대항력 있는 임차인이 있을 경우 보증금 1억 6,000만 원에 대해 임차인이 법원에서 배당을 모두 받지 못한다면 낙찰자가 이를 인수해야 합니다. 분석할 때 아주 유의해야 하는 물건이라고 할 수 있겠죠."

"네, 보증금액이 상당히 큰데 제대로 분석하지 않았다가는 골치 아프겠어요. 그런데 이 임차인이 모두 배당받을 수 있는지 없는지는 어떻게 알 수 있을까요?"

"이를 알려면 배당이 어떻게 이루어지는지부터 알아야 하는데, 그 내용은 이후에 차차 가르쳐 드릴게요. 지금은 먼저 임차인이 대항력을 갖고

물건 2	말소기준권리 : 2013년 3월 12일 근저당			
임차인 현황(배당요구종기일 : 2015.10.30.)				
임차인	점유 부분	전입/확정/배당	보증금/월차임	대항력 유무
고차인	주거용 전부	전입 : 2015.05.09. 확정 : 2015.05.09. 배당요구일 : 2015.10.16.	보 27,000,000원 월 200,000원	없음
김꽃분	주거용 전부	전입 : 2015.05.09. 확정 : 2015.05.09. 배당요구일 : 2015.10.16.	보 27,000,000원 월 200,000원	없음
기타 사항		고차인과 김꽃분은 부부 사이		

있는지 아닌지에 대해서 배워봅시다. 자, 그럼 나머지 두 개의 물건 임차인의 대항력도 따져볼까요? 이번에는 평범 씨가 대답해보시겠어요?"

"음, 여긴 임차인이 두 사람인데요. 이런 경우에는 각각 분석해야 하나요?"

평범이 다소 긴장된 목소리로 물었다.

"임차인이 여러 명인 경우 먼저 이들이 가족관계인지부터 확인하세요. 임차인들이 가족관계가 아니라면 각각 분석해야 하지만, 일반적으로 한 집에는 한 가족이 살기에 부부관계처럼 가족인 경우 한 세대로 보고 분석합니다. 가족인지 아닌지 불분명하다면 탐문을 해서 알아볼 필요가 있습니다."

"여기 기타 사항에 보니 고차인과 김꽃분이 부부 사이라고 나오네요. 그런데 왜 이렇게 보증금이 각각 따로 신고된 걸까요?"

지혜가 기타 사항에 줄을 그으며 물었다.

"여러 가지 경우가 있겠지만, 대체로 법원에 임차인으로 신고한 사람(남편)과 법원에 제출한 임대차계약서상의 임차인(아내)이 다른 경우 이렇게 표시가 된답니다. 임차인이 한 세대를 이루는 가족인 경우 한 명의 임차인으로 보고 분석하면 됩니다."

"그렇다면 이 물건의 임차인 대항력 발생일은 2014년 5월 10일 0시부터네요. 말소기준권리가 되는 근저당 등기접수일 2013년 3월 12일보다 늦기에 이 임차인은 대항력이 없습니다."

평범이 자신에 찬 목소리로 대답했다.

"네, 잘하셨습니다. 나머지 물건의 임차인에 대해서도 평범 씨가 답해볼까요?"

물건 3	말소기준권리 : 2008년 9월 10일 근저당			
임차인 현황(배당요구종기일 : 2015.09.19.)				
임차인	점유 부분	전입/확정/배당	보증금/월차임	대항력 유무
송차인	주거용 전부	전입 : 2012.01.02. 확정 : 2012.01.11. 배당요구일 : 2015.08.07.	보 260,000,000원	없음

"네. 여기 임차인인 송차인의 전입일이 2012년 1월 2일이므로 대항력 발생일은 2012년 1월 3일 0시부터입니다. 말소기준권리가 되는 근저당 등기접수일이 2008년 9월 10일이므로 임차인의 대항력 발생일이 더 늦기에 송차인은 대항력이 없습니다."

평범이 곧바로 대답했다.

"어머, 임차인의 보증금액이 2억 6,000만 원이나 되는데 대항력이 없다면 배당을 제대로 받아야 하겠어요."

지혜가 놀란 목소리로 말했다.

"네, 맞아요. 이 임차인이 보증금액에서 얼마만큼을 변제받을 수 있는지 제대로 알려면 임차인의 변제받을 수 있는 우선변제권 : 후순위 권리자보다 먼저 변제받을 수 있는 권리

권리, 즉 '우선변제권*'에 대해 알아야 합니다. 그리고 앞서 지혜 씨가 궁금해했던 배당이 어떻게 이루어지는지도 알아야 하고요. 다만 그 전에 대항력 부분에서 몇 가지 더 알아둬야 할 내용이 있습니다. 간혹 이

런 경우가 있을 수 있답니다."

| 임차인의 전입신고일 = 근저당 등기접수일 |

"홍길동이 1월 2일에 전입과 점유를 했는데 근저당도 1월 2일에 등기되었다면? 이 경우 홍길동의 대항력 발생일은 2016년 1월 3일 0시부터입니다. 그런데 훗날 홍길동이 살고 있던 집에 경매가 진행된다면, 홍길동의 대항력 발생일이 근저당 등기접수일보다 1일 늦기에 낙찰자에게 대항력을 주장할 수 없게 됩니다."

홍길동 전입과 점유 : 1월 2일 … 대항력 발생일 : 1월 3일 0시
근저당 등기접수일 : 1월 2일
따라서 홍길동은 대항력이 없는 후순위 임차인

| 임차인의 대항력 발생일 = 근저당 등기접수일 |

"또 다른 경우를 생각해볼까요? 홍길동이 1월 1일에 전입과 점유를 했는데 근저당이 1월 2일에 접수되었다면? 이 경우 홍길동의 대항력 발생일은 1월 2일 0시부터입니다. 그런데 임차인의 대항력 발생일과 근저당 등기접수일이 같을 경우, 근저당 효력을 시간적으로 따져야 합니다. 근저당의 효력은 일반적으로 당일 오전 9시로 봅니다. 결국 홍길동의 대항력 발생 시간이 근저당 효력 발생 시간보다 9시간 앞서므

로 홍길동은 대항력을 주장할 수 있게 됩니다."

> 홍길동 전입과 점유 : 1월 1일 ┅➤ 대항력 발생일 : 1월 2일 0시
> 근저당 등기접수일 : 1월 2일 ┅➤ 근저당 효력 발생일 : 1월 2일 9시
> 따라서 홍길동은 대항력이 있는 선순위 임차인

"아, 그렇군요. 대항력 발생일에 '0시'라는 구체적인 시간까지 명시되어 있어서 그 이유가 궁금했는데 이런 경우가 생길 수 있겠네요. 그럼 임차인의 대항력 발생일과 근저당 등기접수일이 동일하다면 근저당 효력이 오전 9시부터 발생한다는 걸 감안해서 다시 분석해야 한다는 거죠?"

지혜가 자신이 이해한 내용을 확인하듯 되물었다.

"네, 아주 잘 이해하셨어요. 물건을 검색하다 보면 의외로 이런 경우가 종종 생긴답니다. 따라서 이러한 점도 유의해서 분석해야 합니다. 그리고 간혹 말소기준권리보다 먼저 전입을 한 정체불명의 사람이 있을 수도 있어요. 임차보증금액에 대한 표시도 없고 부동산 소유자와 가족관계에 있는 것도 아닌 이러한 전입자가 있는 물건일 경우, 초보자는 피하는 것이 좋습니다. 낙찰을 받았는데 자신이 대항력 있는 임차인이라고 주장하는 사람이 나타나 보증금액을 요구할 경우, 이 금액을 모두 인수해야 하는 상황이 생길 수도 있기 때문입니다."

"그렇군요. 우리가 미처 생각지도 못한 다양한 상황이 생길 수도 있

군요. 그렇다면 일단 잘 모르겠다 싶을 땐 피하는 걸로?"

평범의 천진난만한 표정에 나 여사가 미소를 지었다.

"네, 맞습니다! 그럼 이제부터 임차인이 법원으로부터 어떻게 배당을 받게 되는지 알아볼까요?"

"네!"

평범과 지혜가 서로 맞추기라도 한 듯 씩씩하게 대답했다. 그들은 어느새 권리분석 공부의 재미에 빠져들고 있었다.

●●● 우선변제권에 유의하라

"임차인이 자신의 보증금액에 대해 경매법원의 배당절차에서 변제를 받으려면 반드시 다음 요건을 갖추어야 합니다."

첫째, 전입과 점유하기
둘째, 확정일자 받기
셋째, 배당요구종기일 이내에 배당요구하기

"여기서 확정일자라는 것은 무엇인가요?"

"주민센터에서 전입신고를 할 때 임대차계약서에 받아두는 일자가 아닐까? (이제는 인터넷에서 전입신고와 확정일자를 받는 것이 가능해졌다)"

궁금해하는 지혜에게 평범이 대신 대답했다.

"네, 맞습니다. 임차인이 전입신고를 할 때 임대차계약서에 확정일자를 부여해달라고 하면 주민센터에서 해당 날짜로 확정일자를 찍어줍니다. 이렇게 확정일자를 받아둬야만 혹여 살고 있던 집이 경매로 넘어가게 되더라도 임차인은 자신의 보증금액에 대해 배당절차에 참여해서 변제받을 수 있는 기회를 얻을 수 있어요. 만일 확정일자를 받아두지 않았다면 배당절차에 참여할 수조차 없지요(소액임차인 예외)."

"그럼 임차인에게는 확정일자가 아주 중요한 것이군요. 이렇게 중요한 것인데 살아오면서 한 번도 들어본 적이 없네요."

지혜가 황당하다는 표정을 지었다.

"난 전세계약할 때 부동산 중개소 사장님이 이야기해주셔서 받아뒀어. 그런데 확정일자에 대한 이야기를 듣지 못했을 경우 대부분은 전입신고만 하겠지."

평범이 지혜에게 말하자 나경매 여사가 고개를 끄덕였다.

"맞아요. 직접 임대차계약을 해보지 않아서 확정일자에 대해 전혀 모르거나 해봤더라도 누군가가 쉽게 설명해주지 않아서 제대로 이해하지 못하는 경우가 많습니다. 앞으로 부동산경매를 공부하면서 물건을 검색하다 보면 확정일자를 받지 않았거나 뒤늦게 확정일자를 받은 임차인의 사례를 종종 보게 될 거예요. 그런데 확정일자를 받아두는 것 외에도 매우 중요한 것이 있습니다."

지혜와 평범이 나경매 여사의 말에 주목했다.

"임차인이 배당을 받으려면 확정일자를 받는 것뿐 아니라 반드시 배당요구종기일 이내에 배당요구를 해야 한다는 것입니다."

"배당요구라면, 배당을 받겠다고 법원에 신고하는 것을 말씀하시는 거죠? 임차인이라면 모두 하는 게 아닌가요?"

지혜는 이해되지 않는 부분이 많아서 머릿속이 복잡해졌다.

"그렇지 않아요. 우선 대항력이 있는 임차인의 경우는 배당요구를 해서 배당을 받을 수도 있고 배당을 받지 않고 모두 낙찰자에게 인수시킬 수도 있답니다. 선택권이 있는 것이죠. 따라서 임차인이 배당요구를 했는지 안 했는지를 반드시 확인해야 합니다. 배당요구를 하라는 종기일까지 배당요구를 했는지 꼭 확인해야 한다는 걸 기억하세요."

"배당요구종기일 '이내'라면 만약 배당요구종기일이 30일까지면 30일에 배당요구를 해도 인정이 되는 거죠?"

평범은 자신이 이해한 것이 맞는지 한 번 더 확인했다.

"네, 그렇습니다. 단, 임차인이 하루만 늦게 배당요구를 해도 법원은 인정해주지 않아요. 종종 여기서 초보자들이 실수합니다. 배당요구를 했다는 것만 확인하고 배당요구종기일 이내에 했는지를 확인하지 않아서 범하게 되는 실수죠."

"그럼 배당받을 수 있던 임차인이 배당요구종기일 이내에 배당을 요구하지 않았을 경우 어떻게 되나요?"

"대항력이 있는 임차인이었을 경우 임차 보증금을 전부 낙찰자가 인수하도록 선택한 것이므로 낙찰자가 인수해야 하고, 대항력이 없는 임차인이었을 경우에는 보증금에 대해 배당을 전액 받지 못한 채 낙찰자에게 부동산을 비워주어야 합니다."

"보증금 전액을 받지 못한다고요? 말도 안 돼요. 배당을 받을 수 있었던 임차인인데도 배당요구종기일 이내에 배당요구를 하지 않았다는 이유만으로 보증금을 변제받지 못한다니…. 너무한 거 아닌가요?"

지혜는 믿을 수 없다는 듯 입을 다물지 못했다.

"실제로 종종 그런 일이 생긴답니다. 그래서 대항력이 없는 임차인이고 비록 낙찰자가 인수해야 하는 금액이 발생하지 않는다고 해도, 임차인이 배당을 받을 수 있는 상황인지 확인해봐야 합니다. 이런 경우엔 임차인이 낙찰자에게 부동산을 비워주는 게 쉽지 않을 수 있기 때문이죠. 즉 부동산을 인도받는 데 어려움이 뒤따를 수 있다는 이야기입니다."

"아, 그럴 수 있겠군요. 이런 부동산일 경우엔 입찰 전부터 이 상황을 미리 염두에 두고 입찰해야겠어요."

평범이 한숨을 내쉬며 말했다.

"네. 그래서 입찰자는 임차인의 우선변제권에 대해 반드시 공부해서 잘 알고 있어야 합니다. 다음으로, 임차인 우선변제권의 효력 발생일도 중요합니다. 앞서 배웠듯이 전입과 점유는 그 효력이 다음날 0시부터 발생하죠. 그런데 우선변제권의 요건 중 하나인 확정일자는 효력이 당일 9시부터 발생합니다. 그렇다면 한번 계산해볼까요?"

| 임차인의 우선변제권 발생일 계산법 |

임차인의

전입 : 2016년 1월 2일

점유 : 2016년 1월 3일

확정일자 : 2016년 1월 4일일 경우,

① 대항력 발생일은?

　2016년 1월 4일 0시부터

② 확정일자 효력 발생일은?

　2016년 1월 4일 9시부터

③ 우선변제권 효력 발생일은?

　이는 대항력 효력 발생과 확정일자 효력 발생이 서로 겹치는 순간으로

　계산 즉, 2016년 1월 4일 9시부터

"어렵지 않죠? 임차인의 우선변제권 발생일은 대항력 효력 발생과 확정일자 효력 발생이 서로 겹치는 순간으로 계산하면 된답니다. 그럼, 이제 두 분이 골라온 세 물건에 적용해볼까요? 세 물건 임차인의 우선변제권 발생일에 대해 분석해보자고요."

물건 1　　말소기준권리 : 2014년 6월 14일 근저당

임차인 현황(배당요구종기일 : 2014.12.27.)				
임차인	점유 부분	전입/확정/배당	보증금/월차임	대항력 유무
김차인	주거용 전부	전입 : 2013.12.07. 확정 : 2013.12.07. 배당요구일 : 2014.10.18.	보 160,000,000원	있음

김차인

전입 : 2013년 12월 7일(점유도 2013년 12월 7일로 봄)

확정일자 : 2013년 12월 7일

배당요구일 : 2014년 10월 18일

대항력 발생일 : 2013년 12월 8일 0시

확정일자 효력 발생일 : 2013년 12월 7일 9시

···→ 우선변제권 효력 발생일 : 2013년 12월 8일 0시

분석 : 물건 1 임차인의 경우, 말소기준권리 날짜가 2014년 6월 14일이고 임차인의 대항력 발생일은 2013년 12월 8일 0시부터이므로 대항력이 있는 임차인이다. 이 임차인의 보증금액은 1억 6,000만 원이며, 현재 이 물건의 최저가는 7,987만 2,000원이다. 우선변제권 효력 발생일로만 따진다면 임차인은 먼저 배당을 받을 수 있을 것으로 보인다. 하지만 만일 임차인이 미처 배당받지 못한 금액이 발생한 경우 낙찰자가 모두 인수해야 하므로 유찰이 여러 번 되었다고 해도 저가로 구입할 수 있는 건 아니다. 만약 8,000만 원에 낙찰받고, 임차인이 우선적으로 배당을 받게 된다고 가정한다면, 낙찰자는 추가로 8,000만 원 정도를 더 인수하게 된다. 결국, 최소 1억 6,000만 원 이상의 금액으로 낙찰받는 셈이 된다.

"단, 여기서 기억해야 할 것이 하나 있습니다. 이렇게 임차인의 보증금액을 낙찰자가 인수해야 하는 경우 대출을 받는 것이 어려울 수도 있다는 겁니다. 그러니 이런 물건이라면 입찰에 들어가기 전 반드시 자신의 대출 가능 여부와 액수를 알아두고, 잔금납부 계획도 세워야겠지요."

| 물건 2 | 말소기준권리 : 2013년 3월 12일 근저당 |

임차인 현황(배당요구종기일 : 2015.10.30.)				
임차인	점유 부분	전입/확정/배당	보증금/월차임	대항력 유무
고차인	주거용 전부	전입 : 2015.05.09. 확정 : 2015.05.09. 배당요구일 : 2015.10.16.	보 27,000,000원 월 200,000원	없음
김꽃분	주거용 전부	전입 : 2015.05.09. 확정 : 2015.05.09. 배당요구일 : 2015.10.16.	보 27,000,000원 월 200,000원	없음
기타 사항		고차인과 김꽃분은 부부 사이		

고차인

전입 : 2015년 5월 9일

점유 : 2015년 5월 9일

    (김꽃분과 부부 사이이므로 고차인만 분석, 실전에서는 전입일을 점유일로 간주)

확정일자 : 2015년 5월 9일

배당요구일 : 2015년 10월 16일

대항력 발생일 : 2015년 5월 10일 0시

확정일자 효력 발생일 : 2015년 5월 9일 9시

···→ 우선변제권 효력 발생일 : 2015년 5월 10일 0시부터

분석 : 물건 2 임차인의 경우, 대항력 발생일이 말소기준권리보다 늦기 때문에 고차인은 후순위 임차인이 된다. 임차인은 우선변제권 효력 발생일을 기준으로 한 배당 순위에 따라 배당받아야 한다. 단 배당절차에서 배당받지 못한 금액을 낙찰자에게 인수시킬 수 없으며, 낙찰자에게 부동산을 비워주어야 한다.

"여기서 한 가지 더 살펴볼 것이 있습니다. 바로 임차인 고차인의 보

증금액입니다. 임차인의 보증금액이
2,700만 원이죠. 이렇게 소액 보증금액으
로 거주하고 있는 임차인을 가리켜 '소액
임차인'이라고 부른답니다. 주택임대차

최우선변제권 : 순위에 상관없이 다
른 권리자보다 최우선적으로 변제
를 받을 수 있는 권리

보호법은 소액임차인들이 순위에 상관없이 자신의 보증금액 중 일부에
대해서 최우선적으로 보장받을 수 있게 정해놓고 있지요. 이를 두고 '소
액임차인의 최우선변제권*'이라고 합니다. 임차인의 최우선변제권에
관해서는 세 번째 물건에 대한 분석을 마친 후 다시 짚어볼게요."

물건 3	말소기준권리 : 2008년 9월 10일 근저당				
임차인 현황(배당요구종기일 : 2015.09.19.)					
임차인	점유 부분	전입/확정/배당		보증금/월차임	대항력 유무
송차인	주거용 전부	전입 : 2012.01.02. 확정 : 2012.01.11. 배당요구일 : 2015.08.07.		보 260,000,000원	없음

송차인

전입 : 2012년 1월 2일

점유 : **2006년 3월 6일부터 현재까지**(매각물건명세서에 기재된 내용)

확정일자 : 2012년 1월 11일

배당요구일 : 2015년 8월 7일

대항력 발생일 : 2012년 1월 3일 0시

확정일자 효력 발생일 : 2012년 1월 11일 9시

···▸ 우선변제권 효력 발생일 : 2012년 1월 11일 9시

분석 : 물건 3 임차인의 경우, 대항력 발생일이 말소기준권리보다 늦기 때문에 대항력을 주장할 수 없다. 그런데 매각물건명세서상의 점유일을 보면, 말소기준권리보다 훨씬 앞서 있다는 것을 알 수 있다. 송차인이 전입신고를 늦게 한 탓에 대항력을 주장할 수 없게 된 것이다. 더군다나 송차인의 보증금액은 2억 6,000만 원이나 된다. 배당을 얼마만큼 받을 수 있을지 따져보아야 하지만 상당한 금액을 받지 못할 것으로 보인다. 이렇게 전입일과 점유일의 차이가 크고 보증금액을 많이 받지 못하게 되는 임차인이 있다면, 현장조사 시 전입세대열람*으로 반드시 전입 날짜를 다시 한 번 확인하는 것이 좋다.

전입세대열람 : 주민센터를 통해 해당 부동산에 전입되어 있는 세대를 알아보는 것

"이렇게 임차인에 대해 분석하고 나니, 각 물건을 찾아 접근할 때 무엇을 어떻게 봐야 하는지에 대한 감각이 조금 생긴 것 같아요."

집중했던 탓에 눈이 피로한 듯 평범은 눈을 비비며 말했다.

"저도 그래요. 사실 저는 1번 물건이 많이 유찰되었기에 싸게 낙찰받으면 좋을 것 같다고 생각했거든요. 그런데 공부하고 분석해보니 이 물건은 인수할 임차인 보증금액을 감안해 적어도 1억 6,000만 원 이상이 있어야 구입할 수 있는 부동산이라는 사실을 알게 됐어요."

"맞아요. 제대로 공부하고 꼼꼼하게 분석해야만 알 수 있는 것들이 있지요. 이제 소액임차인에 대해서 살펴봐야 하는데, 두 분 모두 열심히 따라오느라 고생 많았죠? 우리 머리도 식히고 배도 채울 겸, 케이크 한 조각 먹는 게 어때요?"

마침 출출했던 평범과 지혜는 나경매 여사의 제안을 기쁘게 받아들였다. 스터디룸에서 나온 그들은 작은 카페에 들어가 조각 케이크와 커피를 주문해 자리에 앉았다.

"여사님, 사실 저는 말소기준권리니 대항력이니 이런 단어들만 들어도 어려워서 경매는 생각도 안 했어요. 그런데 이렇게 임차인분석까지 마치고 나니 별것 아니구나 싶기도 해요."

평범의 말을 들으며 나경매 여사가 미소를 지었다.

"하지만 아무리 철저히 분석한다고 해도 사람이 하는 일이기에 나는 실수하지 않을까 겁이 나는걸. 여사님, 혹시 우리가 또 주의해야 할 것은 없나요? 이론을 빠삭하게 알고 있어도 실전에서는 예상치 못했던 일이 벌어지기도 하잖아요."

지혜가 점원이 테이블에 올려준 케이크를 나경매 여사 쪽으로 옮기며 물었다.

"그럼요. 부동산경매를 하다 보면 참으로 다양한 일이 생긴답니다. 제게도 그런 일이 있었죠. 그중에서도 지금까지 기억나는 건 경찰서에 갔던 일이에요."

"네? 경찰서요?"

"네. 한번은 상가 하나를 낙찰받았어요. 외부에서는 상가 내부를 전혀 볼 수 없는 상태였기에 그 안에 어느 정도의 짐이 있는지 그리고 누가 점유하고 있는지를 도통 알 수가 없었죠."

"그런데 어쩌다가 여사님이 경찰서까지 가게 된 거죠?"

"그게 좀 복잡해요. 법원 기록에 그 상가를 점유하고 있다고 조사된 임차인이 있어서 전화해서 물었어요. 그랬더니 상가 안에 남아 있는 짐이 본인의 짐이 아니고 다른 사람의 짐이라고 하는 겁니다. 그래서 그 사람의 연락처를 알아내서 전화해 물었죠. 그랬더니 그 사람 역시 본인의 짐이 아니라, 법원에서 조사한 사람의 짐이라고 하지 뭐예요?"

"그래서요? 아니 왜 거짓말을 하는 거죠?"

지혜는 일이 어떻게 되었는지 궁금해서 마시던 커피잔을 내려놓으며 귀를 기울였다.

"그래서 저는 '아, 모두 자신의 짐이 아니라고 하는 걸 보면 누구의 짐도 아니라는 뜻이네. 그럼 이건 누군가가 버리고 간 짐이다'라고 결론을 내렸어요."

"그래서요?"

"그래서 '며칠까지 짐을 가져가지 않으면 버리고 간 짐으로 간주하고 임의로 처분하겠다. 이를 원치 않는다면 연락을 주고, 아무 연락이 없으면 임의로 처분해도 된다는 의사로 받아들이겠다'라는 문자를 두 사람에게 보냈어요. 그런데 정한 날짜까지 아무도 연락을 하지 않았죠. 그래서 저는 그냥 문 잠금장치를 부수고 열고 들어갔어요. 그런데 사무실 안의 짐은 그대로 놓여 있었고 법원에 기록되어 있던 임차인의 사진이 거기 있었어요."

"아니, 여사님. 그 임차인의 얼굴은 어떻게 아셨어요?"

"그게 참 재미있어요. 입찰하기 전 그 상가에 현장조사를 갔을 때 엘리베이터를 탔는데, 한 남성이 뒤따라 탔거든요. 그 사람을 보며 직관적으로, '아, 내가 방금 조사하러온 상가에 있는 사람인 것 같은데?'라는 느낌이 들었어요. 그런데 그 사무실에 그 사람 얼굴이 담긴 사진이 있는 겁니다. 그래서 바로 전화를 했더니 얼마 지나지 않아 그 임차인이 달려왔어요. 경찰들과 함께 말이죠. 그래서 저는 무단침입이라는 죄목으로 파출소를 가게 되었죠."

"어머, 미리 말을 했는데도요? 그래서 어떻게 됐어요?"

"다행히 저는 소유권 이전이 된 등기부를 가지고 있었어요. 반면 임차인은 그 상가에 짐을 두고 있어도 된다는 것을 입증할 만한 임대차계약서 같은 어떠한 서류도 없었죠. 따라서 저는 파출소에서는 무혐의로 풀려났죠. 그런데 다음날 그 임차인이 다시 경찰서 형사과에 찾아가 저를 고소했어요. 그래서 형사과에도 불려가게 됐죠. 물론 제가 여러 가지 증거자료를 준비해갔기에 아무 일 없이 해결되긴 했지만 말이에요."

"정말 다행이네요. 하마터면 큰일 날뻔했네요."

"네. 그러니 절대 누군가의 집을 함부로 열어서는 안 됩니다. 낙찰받은 집이든 임대를 놓은 집이나 상가든, 거기를 점유하고 있는 사람이 신발 한 짝만 놔두고 사라졌다고 해도 그냥 문을 열었다가는 큰일 날수 있습니다."

나경매 여사는 웃는 얼굴로 이야기했지만 평범과 지혜는 또다시 부동산경매에 얽힌 문제라는 게 산 넘어 산이라는 생각이 들어 한숨을 내쉬었다.

"아, 진짜 생각지도 못한 일들이 생기는 것 같네요. 그런데 이런 문제들이 생기면 어떻게 해야 하죠?"

평범이 조금은 어두운 표정으로 물었다.

"저처럼 그저 쉽게 생각하고 머리를 썼다가는 오히려 더 성가신 일이 생길 수 있어요. 그러니 처음부터 법적인 문제는 차근차근 절차를 밟아서 그대로 따르는 것이 좋습니다. 둘째는 기본이론을 잘 숙지한 뒤 상황에 맞게 이를 잘 응용하여 일을 풀어가야 합니다. 얼마 전 지인 중 한 분에게 벌어진 일을 들려 드릴게요. 하루는 그 분이 다급한 목소리로 제게 연락을 해왔어요. 이야기를 들어보니, 그는 한 부동산의 임차인이 대항력은 있지만 법원에서 모두 배당금을 받아갈 수 있을 것으로 분석해서, 해당 부동산에 입찰한 뒤 낙찰을 받았다고 해요."

"어머, 그런데 분석을 잘못한 거군요?"

눈을 동그랗게 뜬 지혜가 나경매 여사의 말을 끊으며 물었다.

"아니에요. 분석은 정확하게 하셨어요."

"그렇다면 무슨 문제가?"

"그 부동산에 경매가 진행되자 법원은 살고 있던 임차인에게 임대차 관계를 신고하라고 통지를 했습니다. 그래서 임차인은 자신이 언제 전입을 했는지, 계약기간은 언제까지이며, 보증금은 얼마이고, 확정일자는 언제 받았는지를 적은 신고서를 법원에 제출하고 배당요구를 했습니다. 법원도 이를 바탕으로 매각물건명세서에 임차인에 관한 내용을 기재했죠. 이러한 내역을 검토한 후 저의 지인이 입찰해서 낙찰받게 된 것이죠. 그런데 막상 낙찰받고 나서 임차인을 만나러 가보니 법원에서 그녀를 임차인으로 인정하지 않고 배당에서 제외한다는 통지를 했다는 겁니다.”

“어머, 어떻게 그런 일이 생기죠?”

“임차인이 확정일자를 받은 임대차계약서를 분실했기 때문이죠.”

“어머, 여사님! 안 그래도 임차인에 대해 공부하면서 궁금한 게 많았는데요. 그중 하나가 임차인이 임대차계약서를 분실하게 되면 어떻게 되는지였어요.”

손바닥을 마주 포개며 지혜가 물었다.

“이론적으로는, 임차인이 확정일자를 받은 임대차계약서를 분실했을 경우 부동산 중개소와 주민센터에서 임대차계약서 부본을 얻고, 확정일자를 발급한 사실을 확인받아서 법원에 제출하면 됩니다.”

“그런데 이론과 실제는 다르다는 말씀이신 거죠?”

“네, 맞아요. 임차인인 할머니는 관리소를 통해 임대차계약을 맺었기에 관리소에서 보관하고 있던 임대차계약서 부본과 주민센터에서 확정일자를 받은 증거자료를 법원에 제출했어요. 하지만 법원은 확정일자를 받은 임대차계약서가 없으므로 배당에서 제외되는 것을 변경할 수 없다고 결정했습니다.”

“그럼, 낙찰자는 어떻게 되는 건가요? 설마 대항력 있는 임차인이라는 이유로 그가 배당받지 못한 보증금액을 낙찰자가 모두 떠안아야 했나요?"

"낙찰받으신 분은 무척이나 혼란스러워했어요. 그래서 어떻게 하면 좋겠느냐고 제게 물었던 것이죠."

"진짜 어떻게 하면 되나요? 그래서 여사님은 어떤 해결책을 주셨어요?"

"다행히 보증금 중 일부는 나중에 증액한 금액이었는데 증액했던 시기가 말소기준권리보다 늦기에 그 금액에 대해서는 인수하지 않아도 됐어요. 문제는 말소기준권리보다 먼저 지급된 임차보증금액에 대해 인수해야 하는지 아닌지가 명확하지 않다는 것이었죠. 만약 임차인의 임대차가 인정되면 법원으로부터 배당금으로 받아야 하는 것이고, 임대차가 인정되지 않으면 그것은 낙찰자도 인수할 부분이 아닌 것이 되는 거죠. 따라서 임차인이 주장하는 것처럼 실제 임차보증금액을 지급하고 계약서를 작성한 것이 맞다면, 조금 시일이 걸리겠지만 법원에 소를 제기하는 것이 좋겠다고 했어요. 결국 낙찰받은 분이 임차인과 이야기를 잘해서 임차인은 소송을 통해 배당금을 지급받을 수 있게 되었답니다."

"정말 다행이네요."

나경매 여사의 이야기에 평범과 지혜는 그들의 일이 아닌데도 가슴을 쓸어내렸다.

"네, 이 사례의 경우 낙찰자가 서둘러 부동산을 인도받으려고 하기보다 임차인의 입장에서 생각하고 의논하면서 일을 진행했기에 일이 잘 풀린 것 같아요. 일단 소를 제기하면 보통 6개월 이상 걸리는데 제 지인은 그 기간 동안 임차인이 이사를 가지 않고 거기서 살게 해주었어요. 물론 임차인이 어느 정도 금액의 임차보증금을 제공하긴 했지만, 낙찰자가 임차인의 편의를 많이 봐준 덕분에 힘들지 않게 소송 준비를 할 수 있었던 겁니다. 이처럼 예상치 못했던 일이 벌어지면, 법률적으로 잘못된 점이 없는지 꼼꼼히 확인해보고 차근차근 문제를 풀어가겠다는 자세를 갖는 것이 아주 중요해요. 너무 당황하거나 조급하게 생각하면 일이 끝날 때까지 정말 많은 스트레스를 받을 수 있답니다. 그렇게 되면 좋게 풀릴 일도 잘 안 풀리겠죠. 행동은 신속하게 하고, 동시에 마음에는 항상 여유를 가지세요. 물론 마음의 여유를 가지려면 함께 공부한 '기본'을 잊지 않는 게 무엇보다 중요하겠죠? 이런, 잠깐 쉰다고 해놓고 너무 이야기가 길었죠?"

나 여사가 시계를 보며 자리에서 일어났다. 평범도 남은 커피를 마저 마시고 따라 일어났다. 지혜가 평범의 손을 잡으며 중얼거렸다.

"항상 마음에 여유를 가질 것! 기본을 잊지 말 것!"

03

소액임차인은
보호받는다

"조금 전 카페는 커피 맛도 좋은데, 바닐라 쉬폰 케이크도 일품이었어요. 달달한 걸 먹었으니 다시 달콤한 신혼집을 꿈꾸며 공부를 시작해볼까요?"

"네, 좋아요!"

스터디룸으로 돌아온 평범과 지혜는 한결 밝고 긍정적인 마음으로 노트북을 펼치고 나경매 여사를 주목했다.

● ● ● 소액임차인의 조건

"지금부터 소액임차인에 대해 살펴볼 거예요. 아까 2번 물건에 대해 분석하면서 잠깐 설명했듯이 소액보증금액*으로 거주하고 있는 임차인의 경우, 우선변제권 효력 발생일과 상관없이 다른 권리자보다 우선적으로 일정 금액에 대해 변제받을 수 있답니다. 이를 소액임차인의 최우선변제권이라고 이야기 했지요. 그런데 가장 먼저 변제받는다고는 하지만 실제로는 다음과 같은 순서로 변제받습니다."

소액보증금액 : 주택임대차보호법에 의해 정해진 일정 금액 이하의 보증금액

경매집행비용 : 경매를 집행하는 데 소요되는 비용

경매신청채권자 : 경매를 신청한 사람, 은행 혹은 회사

제3취득자 : (근)저당권이 설정된 부동산의 소유권, 지상권, 전세권 혹은 임차권을 취득한 자

개량 : 더 좋게 고침

필요비 : 부동산을 유지하는 데 필수적으로 드는 유지비 혹은 수리비

유익비 : 부동산을 개량하여 가치를 증대시킨 비용

1순위, 경매집행비용*(경매신청채권자*에게 반환)

2순위, 저당물의 제3취득자*가 그 부동산의 보존과 개량*을 위해 지출한 필요비*·유익비*

3순위, 소액임차인의 최우선변제금액

"경매집행비용은 알겠는데 두 번째, '부동산의 보존과 개량을 위해 지출한 필요비·유익비'라는 말이 무슨 뜻인지 모르겠어요."

평범이 나경매 여사의 강의 내용을 노트북에 입력하다가 물었다.

"많은 사람들이 생소해하죠. 쉽게 말해서, 해당 부동산을 유지하는 데 든 비용이나 더 좋게 고치는 데 든 수리비 같은 겁니다. 그런데 사실 이런 필요비와 유익비에 대해 배당요구를 하는 경우는 드물어요.

따라서 경매집행비용 다음인 소액임차인이 먼저 최우선변제금에 대해 배당받는다고 생각하면 됩니다.”

평범과 지혜가 고개를 끄덕였다.

“여기서 대단히 중요한 내용이 하나 더 있습니다. 꼭 알아두어야 하는 건데요, 바로 임금채권*이 있는 경우입니다.”

임금채권 : 근로자가 일을 한 다음 임금의 지급을 청구할 수 있는 권리

“임금채권이요?”

이제 겨우 권리분석에 대해 이해할 수 있을 듯한 시점에서, 다시 어려운 용어가 나오자 지혜는 머리가 지끈거렸다.

“만일 채무자가 사업을 하는 과정에서 근로자들에게 임금을 체불했을 경우, 근로자의 임금을 임금채권이라고 합니다. 이러한 근로자들 중에는 법의 보호를 받아야 하는 서민들이 많지요. 채무자의 부동산이 경매로 나왔을 때 그에게서 임금을 받지 못한 근로자가 임금채권에 대해 배당을 요구한다면, 소액임차인의 최우선변제권과 동일 순위로 간주됩니다. 따라서 근로자는 임금채권 중 최종 3개월분의 임금, 최종 3년간의 퇴직금 및 재해보상금을 먼저 변제받을 수 있습니다. 결국, 해당 부동산에 임금채권과 소액임차인이 있다면 배당받을 일정 금액에 비례하여 각각 배당받는다는 걸 기억해두세요.”

소액임차인의 최우선변제금은 임금채권 중 근로자의 최종 3개월분의 임금, 최종 3년간의 퇴직금 및 재해보상금과 동일 순위다. 성립 시기와 상관없이 같은 순위

로 보며 배당받을 채권액에 비례해 배당된다. ✎

"여사님, 이 내용은 좀 어려운 것 같아요. 그런데 임금채권은 어떻게 알아볼 수 있죠?"

평범이 물었다.

"일반적으로는 근로복지공단에서 가압류를 하는데, 임금채권자가 가압류를 하기도 합니다. 물론 가압류를 하지 않은 임금채권자가 따로 배당요구를 하는 경우도 있는데, 이 경우 매각물건명세서에 따로 표시가 될 수도, 안 될 수도 있습니다. 그러니 대항력이 있는 임차인이 있다면 배당요구를 한 임금채권이 있는지 그리고 그 금액이 어느 정도인지 등은 탐문을 통해 알아볼 필요가 있겠지요. 단 두 분이 골라온 세 물건에는 임금채권이 없으니 계속해서 소액임차인에 대해 설명을 이어갈게요."

"네, 참 다행이네요."

"이렇게 소액임차인의 경우 경매집행비용 다음으로 먼저 배당을 받는다고 했는데요, 임차인의 보증금 전액에 대해 변제해주는 것은 아니랍니다. 소액임차인으로 인정받을 수 있는 보증금액의 한도가 정해져 있기 때문이죠. 특히 지역별로 그 한도도 다릅니다. 또한 근저당 같은 담보물권*이 있는 경우, 담보물권이 설정된 날짜를 기준으로 소액임차인으로서 인정받을 수 있는 금액이 달라집니다."

"그건 왜 그런가요?"

지혜가 물었다.

"은행은 부동산을 담보로 하여 대출을 해줍니다. 만약 부동산 소유자가 이자를 계속 연체하거나 대출 만기가 지났는데도 대출금을 갚지 않는다면, 부동산을 경매로 매각하여 그 대금으로 은행이 대출해준 채권금액을 회수하겠지요. 그런데 대출해준 은행의 근저당 등기접수일보다 늦게 전입한 임차인이 소액임차인이라는 이유로 우선적으로 변제를 받는다면 어떻게 될까요? 그만큼 은행은 채권을 회수하는 데 손해를 보게 되겠죠. 이러한 이유로, 부동산을 담보로 대출해준 은행이나 채권자 등을 보호하기 위해 먼저 등기된 담보물권을 기준으로 소액임차인으로 인정받을 수 있는 보증금액과 최우선적으로 변제받을 수 있는 금액의 한도를 정한 겁니다."

"그렇군요. 임차인이 소액임차인에 해당하는지 아닌지를 판단하려면 담보물권 등기접수일을 알아야겠군요."

평범이 노트북에 열심히 정리를 하며 말했다.

"네, 그런데 그것만 확인해서는 안 됩니다. 부동산의 가격과 임차보증금액의 한도는 지역별로 차이가 있습니다. 세월이 흐르면서 부동산

물권 : 특정한 물건을 직접 지배하여 이익을 얻을 수 있는 권리. 소유권, 지상권, 지역권, 전세권인 용익물권*과 유치권*, 질권, 저당권과 같은 담보물권이 있다.

담보물권 : 근저당권, 저당권, 담보가등기 등

용익물권 : 타인의 부동산(토지나 건물)을 사용할 수 있는 물권. 지상권, 지역권, 전세권이 있다.

유치권 : 타인의 물건에 비용이나 수고를 들인 대가를 전액 받을 때까지 타인의 물건을 점유할 수 있는 권리를 말한다. 예를 들어, 건물을 지은 건설업자가 건물주에게 건축비를 전액 돌려받을 때까지 건물을 건물주에게 넘겨주지 않고 유치할 수 있다.

가격은 물론 보증금액도 올랐습니다. 따라서 수차례 한도액이 변경되었지요. 최종적으로, 소액임차인의 최우선변제금액표가 다음처럼 만들어졌습니다."

평범과 지혜는 나경매 여사에게서 소액임차인의 한도보증금액과 배당금액표를 받았다.

소액임차인의 범위와 배당금액표

담보물권 등기접수일	지역 구분	계약금액 범위	최우선변제액
1984.1.1.~ 1987.11.30.	특별시, 광역시	300만 원 이하	300만 원 이하
	기타 지역	200만 원 이하	200만 원 이하
1987.12.1.~ 1990.2.18.	특별시, 광역시	500만 원 이하	500만 원 이하
	기타 지역	400만 원 이하	400만 원 이하
1990.2.19.~ 1995.10.18.	특별시, 광역시	2,000만 원 이하	700만 원 이하
	기타 지역	1,500만 원 이하	500만 원 이하
1995.10.19.~ 2001.9.14.	특별시, 광역시	3,000만 원 이하	1,200만 원 이하
	기타 지역	2,000만 원 이하	800만 원 이하
2001.9.15.~ 2008.8.20.	수도권과밀억제권역	4,000만 원 이하	1,600만 원 이하
	광역시	3,500만 원 이하	1,400만 원 이하
	기타 지역	3,000만 원 이하	1,200만 원 이하
2008. 8.21.~ 2010.7.25.	수도권과밀억제권역	6,000만 원 이하	2,000만 원 이하
	광역시	5,000만 원 이하	1,700만 원 이하
	기타 지역	4,000만 원 이하	1,400만 원 이하
2010.7.26.~ 2013.12.31.	서울시	7,500만 원 이하	2,500만 원 이하
	과밀억제권역(서울 제외)	6,500만 원 이하	2,200만 원 이하
	광역시(「수도권정비계획법」에 따른 과밀억제권역에 포함된 지역과 군지역은 제외), 안산시, 용인시, 김포시 및 광주시	5,500만 원 이하	1,900만 원 이하
	그 밖의 지역	4,000만 원 이하	1,400만 원 이하

2014.1.1.~ 2016.3.30.	서울시	9,500만 원 이하	3,200만 원 이하
	과밀억제권역(서울 제외)	8,000만 원 이하	2,700만 원 이하
	광역시(『수도권정비계획법』에 따른 과밀억제권역에 포함된 지역과 군지역은 제외), 안산시, 용인시, 김포시 및 광주시	6,000만 원 이하	2,000만 원 이하
	그 밖의 지역	4,500만 원 이하	1,500만 원 이하
2016.3.31.~	서울시	1억 원 이하	3,400만 원 이하
	과밀억제권역(서울 제외)	8,000만 원 이하	2,700만 원 이하
	광역시(『수도권정비계획법』에 따른 과밀억제권역에 포함된 지역과 군지역은 제외), 안산시, 용인시, 김포시 및 광주시	6,000만 원 이하	2,000만 원 이하
	세종시	6,000만 원 이하	2,000만 원 이하
	그 밖의 지역	5,000만 원 이하	1,700만 원 이하

*과밀억제권역
1) 서울특별시
2) 인천광역시[강화군, 옹진군, 중구(운남동, 운북동, 운서동, 중산동,남북동, 덕교동, 을왕동, 무의동, 서구대곡동, 불로동, 마전동, 금곡동, 오류동, 왕길동, 당하동, 원당동), 인천경제자유구역 및 남동국가산업단지 제외]
3) 경기도 의정부시, 구리시, 남양주시(호평동, 평내동, 금곡동, 일패동, 이패동, 삼패동, 가운동, 수석동, 지금동 및 도농동만 해당), 하남시, 고양시, 수원시, 성남시, 안양시, 부천시, 광명시, 과천시, 의왕시, 군포시, 시흥시(반월 특수지역 제외)

"이 표 내용을 전부 외워야 하나요?"

지혜가 나경매 여사가 나눠준 소액임차인 관련 표를 보고 깜짝 놀라 물었다.

"아니에요. 해당 물건에 소액으로 거주하는 임차인이 있을 경우 표를 보면서 확인하면 됩니다. 또 이렇게 최우선변제금이 정해져 있어도 무조건 배당해주는 것은 아닙니다."

"그건 또 왜 그런가요?"

"유찰이 많이 되거나 애초부터 부동산 감정가가 매우 낮은 경우도 있겠죠? 이럴 경우 최우선변제금부터 주고 나면 남는 돈이 없어서 다른 채권자들은 한 푼도 변제를 받지 못하는 경우가 생깁니다. 따라서 최우선적으로 변제를 해주되, 그 대신 매각가격(낙찰가격)의 1/2 한도 내에서만 변제해주는 것으로 정해놓았습니다."

"정말 복잡하네요. 여사님이 말씀하신 것을 제가 제대로 이해한 것이 맞는지 봐주시겠어요?"

지혜는 목소리를 가다듬고서 자신이 노트에 정리한 내용을 큰 소리로 읽었다.

"해당 부동산의 임차인이 소액임차인에 해당하는지는 소액임차인 범위와 배당금액표를 통해 확인한다. 이때 지역별, 최초 담보물권 등기접수일별로 구분해 확인한다. 소액임차인은 매각가격(낙찰가격)의 1/2 한도 내에서 최우선변제금을 받으며, 임금채권과는 동 순위로 안분배당* 받는다."

안분배당 : 각 채권자들의 채권금액에 대해 비율로 나누어 배당하는 것

눈을 동그랗게 뜨고 자신을 바라보는 지혜를 향해 나경매 여사가 환하게 웃었다.

"아주 잘하셨어요. 정확히 맞습니다!"

평범도 지혜를 바라보며 엄지손가락을 들었다.

"여기서 한 가지 더! 임차인이 소액임차인에 해당하더라도 반드시 경매개시결정기입등기 전에 전입과 점유를 해야 소액임차인으로 최

우선변제금을 받을 수 있습니다. 만약 경매개시결정기입등기 이후에 전입과 점유를 했다면 우선변제권 발생일을 계산해서 그 순위로 배당 받게 된다는 것도 꼭 알아두세요."

"아, 또 그런 조건이 붙는군요."

평범이 나경매 여사의 설명을 꼼꼼히 노트북에 입력했다.

이번에는 평범의 노트북 모니터를 확인하던 지혜가 엄지손가락을 들어 올리며 평범을 바라봤다. 그러자 평범이 지혜에게 환한 미소를 지어보였다.

---

tip

소액임차인 분석법
① 소액임차인 표에서 지역별, 담보물권 등기접수일자로 보증금액 범위를 확인한다.
② 최우선변제 한도금액을 확인한 후, 매각가격의 1/2 한도 내의 금액을 계산해본다.
③ 임차인이 전입과 점유를 경매개시결정기입등기 이전에 했는지 확인한다.
④ 동 순위가 되는 임금채권이 있는지 확인한다.

●●● 소액임차인 분석하기

"이제 두 분이 고른 후보 물건들의 임차인들을 살펴볼까요?"

"네. 우선 후보 물건 1과 물건 3은 임차인의 보증금액이 소액임차보증금액 범위에 속하지 않아요. 물건 2 임차인의 보증금액만 소액임차인 한도 금액에 해당하네요."

평범이 나경매 여사가 나눠준 도표를 살펴보며 말했다.

"평범 씨, 왜 그런지 물건 2의 임차인에 대해 보다 자세히 설명해보시겠어요?"

나경매 여사가 평범에게 상세한 설명을 요청했다.

"네, 알겠습니다."

평범은 다소 떨렸지만 물건 2의 내용을 살피면서 자신이 분석한 내용을 차분히 설명해나가기 시작했다.

물건 2

말소기준권리 : 2013년 3월 12일 근저당
경매개시결정일 : 2015년 8월 20일

임차인 현황(배당요구종기일 : 2015.10.30.)				
임차인	점유 부분	전입/확정/배당	보증금/월차임	대항력 유무
고차인	주거용 전부	전입 : 2015.05.09. 확정 : 2015.05.09. 배당요구일 : 2015.10.16.	보 27,000,000원 월 200,000원	없음
김꽃분	주거용 전부	전입 : 2015.05.09. 확정 : 2015.05.09. 배당요구일 : 2015.10.16.	보 27,000,000원 월 200,000원	없음
기타 사항		고차인과 김꽃분은 부부 사이		

고차인 전입 : 2015년 5월 9일 점유 : 2015년 5월 9일

김꽃분 전입 : 2015년 5월 9일

확정일자 : 2015년 5월 9일

배당요구 : 2015년 10월 16일

물건 2가 있는 지역은 서울이고, 최초 담보물권 등기접수일이 2013년 3월 12일(근저당)이므로 소액임차인의 범위와 배당표에서, 계약금액 범위 7,500만 원 이하, 최우선변제액 2,500만 원에 해당한다. 고차인의 보증금액이 2,700만 원이기에 7,500만 원 이하의 보증금액에 해당하므로 소액임차인으로 인정받을 수 있다. 결론적으로, 고차인은 보증금액 중 2,500만 원을 최우선적으로 변제받을 수 있다.

그리고 경매개시결정일이 2015년 8월 20일인데, 고차인은 경매개시결정 3개월 전에 전입과 점유를 했으며 배당요구종기일인 2015년 10월 30일 이전인 2015년 10월 16일에 배당요구를 했다. 따라서 고차인은 자신의 보증금액 2,700만 원에서 2,500만 원을 경매집행비용 다음으로 최우선적으로 변제받을 수 있게 된다. 사실 날짜 순서대로 배당을 받는 것이었다면 고차인은 배당금을 거의 받지 못한 채 집을 비워줘야 했는데, 소액임차인의 최우선변제권 덕분에 다른 채권자들보다 먼저 2,500만 원에 대해 배당을 받을 수 있게 되었다.

떨리는 목소리로 평범이 임차인에 대한 분석을 마치자 나경매 여사가 박수를 쳤다.

"정말 잘했습니다."

지혜도 밝게 웃으며 그에게 박수를 쳤다.

"소액임차인에 대해 몰랐을 때는 2번 물건의 임차인이 자칫하면 배당도 못 받고 집을 비워야 하는 줄 알았어요. 이렇게 되면 임차인의 저항이 클 테니 낙찰을 받아도 인도받기가 쉽지 않겠다 생각했는데, 이렇게 보증금 대부분을 받을 수 있다면 쉽겠죠?"

지혜가 나경매 여사에게 물었다.

"꼭 그런 것만은 아니랍니다."

"네? 꼭 그런 것만은 아니라고요? 왜죠?"

나 여사의 답변이 자신의 예상에서 빗나가자 지혜는 놀란 표정이었다.

"네, 간혹 근저당이나 다른 권리의 접수일보다 늦게 이사를 하거나 확정일자를 받아놓지 않았으면서도 먼저 배당을 받을 수 있는 소액임차인의 권리를 악용하는 사람들이 있답니다."

"악용을 한다면 어떤 식으로 한다는 거죠?"

"경매가 진행될 것을 알고 일부러 소액임차인으로 가장해서 허위로 임대차를 꾸미는 경우가 있어요."

"아, 그럴 수도 있겠어요. 순위와 상관없이 배당받을 수 있다면 곧 경매가 진행될 집에 이렇게 전입신고를 한 뒤 자신이 소액임차인이라고 주장하는 사람도 생길 것 같습니다."

평범은 나경매 여사가 어떤 경우를 이야기하는지 알 것 같았다.

"이처럼 가장 임차인이 있다면 채권자는 그만큼 손해를 보게 됩니다. 따라서 경매가 진행되기 몇 개월 전에 이사를 한 소액임차인이 있을 경우, 그를 배당에서 제외해달라고 이의*를 제기하기도 합니다. 배당이의가 제기되면 배당기일에 임차인은 배당을 받을 수 없게 되지요. 차후 임차인이 진짜 임차인임을 제대로 소명한다면 자신이 받아야 할 배당금을 받을 수 있지만 그렇지 못할 경우 배당금을 받을 수 없습니다. 어찌 됐든 이러한 상황이 생긴다면 낙찰자가 임차인으로

> 이의 : 어떤 행위나 결정에 대해 반대의사를 표시하는 것

부터 부동산을 인도받는 데 다소 시간이 걸리겠지요. 따라서 소액임차인이 있는 물건에 입찰할 때는 이러한 상황까지 감안해서 결정하는 게 좋습니다."

나 여사의 설명을 들으며, 평범은 노트북에 '소액임차인이 가장 임차인인 경우 주의할 사항'이라는 메모를 남겼다.

●●● 임차인의 배당 순위

"지혜 씨가 궁금해하는 임차인들의 배당 순위에 대해 알아볼까요?"

지혜뿐만 아니라 평범도 실제 임차인들이 어느 정도 배당을 받을 수 있는지가 매우 궁금했기에 나경매 여사의 설명에 귀를 기울였다.

"낙찰자가 물건을 낙찰받은 뒤 대금을 납부하면 한 달 이내에 배당기일이 정해집니다. 즉 배당받을 사람들이 배당받게 되는 날짜가 정해지는 것이죠. 배당기일이 정해지면서 배당표도 함께 작성되는데, 이 배당표란 누구누구에게 얼마만큼의 금액을 배당해주는지를 표로 작성한 것을 말합니다. 배당표는 배당기일 3일 전에 법원에서 비치해요. 이때 그 배당표에 대해 아무도 이의를 제기하지 않으면 배당기일에 그 내용대로 배당이 이루어집니다. 앞서 말했듯이 배당 순위는 법원이 정하는데요. 어떻게 그 순위를 정하는지 구체적으로 알아보도록 해요."

나 여사는 평범과 지혜에게 배당 순위가 정리된 자료를 나누어주었다.

"보시는 것과 같이 소액임차인에 대한 최우선변제금을 준 후 바로 각 권리자들에게 배당을 해주는 것은 아닙니다. 만약 체납된 세금이 있다면 그 세금 중 당해세에 해당하는 세금에 대해 먼저 배당을 해주지요."

배당 순위

1. 경매집행비용
2. 저당물의 제3취득자가 지출한 필요비 · 유익비
3. 최우선변제(소액임차인, 임금채권)

   소액임차인과 임금채권은 동 순위로 안분배당된다. 임금채권은 근로자의 최종 3개월분의 임금과 최종 3년간의 퇴직금 및 재해보상금
4. 당해세*

   국세* 중 상속세* · 증여세* · 종합부동산세*

   지방세* 중 재산세* · 자동차세* · 지역자원시설세* 및 지방교육세*
5. 전세권, (근)저당권, 담보가등기 등 담보물권과 우선변제권이 있는 임차인, 당해세 이외의 조세*들

   이러한 권리들은 순위에 따라 배당된다(당해세 이외의 조세는 법정기일*이 기준)
6. 일반 임금채권
7. 법정기일이 담보물권보다 늦은 조세채권
8. 의료보험료, 산업재해보상보험법 및 국민연금법에 의한 보험료 등의 각종 공과금*
9. 일반채권과 확정일자를 갖추지 않은 임차인의 보증금

당해세 : 당해 부동산에 부과되는 국세나 지방세

국세 : 국가가 부과 혹은 징수하는 조세

상속세 : 상속되는 재산에 부과되는 조세. 국세에 해당한다.

증여세 : 증여에 의해 재산이 이전되는 경우 부과되는 조세. 국세에 해당한다.

종합부동산세 : 지방자치단체가 토지 및 건물에 대해 부과하는 재산세 이외에 국세청이 어느 일정 기준을 초과하는 토지 및 건물에 대해 누진세율을 적용하여 부과하는 조세. 국세에 해당한다.

지방세 : 지방자치단체가 주민에게 부과 혹은 징수하는 조세

재산세 : 지방자치단체가 토지 및 건물에 대해 부과하는 조세. 지방세에 해당한다.

자동차세 : 자동차를 소유하고 있는 경우 부과되는 조세. 지방세에 해당한다. 여기서는 자동차 소유에 대한 자동차세만 해당한다.

지역자원시설세 : 소방시설, 오물처리시설, 수리시설 등 기타 공공시설에 필요한 비용을 마련하기 위해 그 시설로 인해 이익을 받는 자에게 부과되는 조세. 2011년부터 종전의 지역개발세와 공동시설세가 통합되었다. 여기서는 특정 부동산에 대한 지역자원시설세만 해당한다.

지방교육세 : 지방교육의 재정을 마련하기 위해 부과되는 조세. 지방세에 해당한다.

조세 : 국가나 지방자치단체가 재정을 마련하기 위해 국민으로부터 강제적으로 징수하는 금전 혹은 물건

법정기일 : 다음 중 어느 하나에 해당하는 기일을 말한다. ① 과세표준과 세액의 신고에 의하여 납세의무가 확정되는 국세에서 신고한 당해 세액에 대하여는 그 신고일, ② 과세표준과 세액을 정부가 결정·경정 또는 수시부과 결정하는 경우에 고지한 해당 세액에 대하여는 그 납세고지서의 발송일, ③ 원천징수의무자 또는 납세조합으로부터 징수하는 국세와 인지세에 있어서는 그 납세의무의 확정일, ④ 제2차 납세의무자의 재산에서 국세를 징수하는 경우에는 납부통지서의 발송일, ⑤ 양도담보재산에서 국세를 징수하는 경우에는 납부통지서의 발송일, ⑥ 납세자의 재산을 압류한 경우에 그 압류와 관련하여 확정된 세액에 대하여는 그 압류등기일 또는 등록일

공과금 : 전기료, 전화요금, 상하수도세, 자동차세, 재산세와 같은 지방세와 종합소득세, 증여세, 갑근세인 국세 등이 이에 해당한다.

"배당 순위란 게 무척이나 복잡하네요."

평범이 고개를 절레절레 흔들며 말했다.

"네, 이렇게 설명만 들으면 굉장히 어렵게 느껴질 거예요. 그렇다고 해도 놓쳐서는 안 될 중요한 부분이죠. 해당 부동산에 대항력이 있는 임차인이 있다면 부동산에 압류된 세금이 있는지 반드시 확인해야 합니다."

"여사님, 그런데 지금까지 살펴본 자료에서는 '세금 체납'이나 '당해

세'라고 표시된 내용을 보지 못한 것 같아요. 해당 물건에 체납된 세금이 있는지는 어떻게 알 수 있을까요?"

꼼꼼한 성격의 지혜가 자료를 들춰보면서 물었다.

"좋은 질문이에요. 체납된 세금 여부는 등기부 현황에서 다음과 같이 표시된 것으로 확인할 수 있답니다."

물건 1

	접수	권리 종류	권리자	채권금액	비고	소멸 여부
			등기부 현황			
1. 갑1	2008.10.31.	소유권 보존	조XX			
2. 을3	2014.06.14.	근저당	윤XX	170,000,000원	말소기준권리	소멸
3. 갑4	2014.07.05.	압류	서울특별시 성북구			소멸
4. 갑5	2014.10.07.	강제경매	김XX	17,000,000원	청구금액	소멸
5. 갑6	2015.04.30.	압류	서울특별시 성북구			소멸

물건 2

	접수	권리 종류	권리자	채권금액	비고	소멸 여부
			등기부 현황			
1. 갑1	1998.07.11.	소유권 이전 (매매)	주XX			
2. 을14	2013.03.12.	근저당	조은은행	260,000,000원		소멸
3. 갑12	2013.08.06.	압류	성동세무서			소멸
4. 갑13	2015.08.20.	임의경매	조은은행	240,000,000원	청구금액	소멸
5. 갑14	2015.08.29.	압류	국민건강보험 공단			소멸

"등기부 현황표에서 압류를 한 곳이 대한민국의 시나 구 혹은 세무서 같은 관청일 경우 세금 체납 때문에 압류된 것으로 봐도 됩니다."

"여사님, 그런데 여기 후보 물건 2의 마지막 칸에는 국민건강보험공단이 압류를 했는데요. 이는 세금 체납 때문이 아닌가요?"

지혜가 후보 물건 2의 표를 손가락으로 가리키며 물었다.

"네, 똑같이 압류라고 씌어 있지만 채무자의 보험료가 밀려서 압류된 내용은 세금 체납으로 보지 않습니다. 배당 순위표에서 보듯 이는 의료보험료에 해당하기에 8순위이죠(단, 보험료의 납부기한이 저당권, 전세권의 등기설정일보다 앞서는 경우, 납부기한 이전에 등기된 저당권 등에 대해서는 우선 배당받지 못하고, 납부기한 이후에 등기된 저당권 등과 기타 일반채권에 대해서는 우선 배당받는다)."

"그렇군요. 그런데 등기 현황에 압류금액은 나와 있지 않네요?"

"압류금액은 연체료 등이 늘어나기 때문에 시간이 지날수록 청구금액도 달라집니다. 정확한 금액은 나중에 확정되므로 여기엔 따로 기재되지 않습니다. 체납된 세금 모두가 아닌 이들 중 당해세에 해당하는 금액만 먼저 배당받게 된다는 사실을 꼭 기억해두세요. 경매비용, 소액임차인의 최우선변제금 다음으로 다른 어떤 권리자보다 조세(세금 체납금) 중 당해세에 해당하는 금액을 먼저 배당해줍니다."

"이처럼 당해세가 다른 것들보다 우선 배당을 받는데, 등기부에 압류 금액이나 당해세에 해당하는 금액이 기재되어 있지 않다면 어떻게 정확한 금액을 알아볼 수 있을까요?"

"매각물건명세서에 당해세에 관한 내용이 기재되어 있지 않다면 따로 알아봐야 하는데, 사실 그게 쉽지가 않습니다."

"배당 순위에서 당해세에 해당하는 금액을 확인하는 게 이렇게 중요한데 이를 알아보는 게 쉽지 않다니요? 잘 납득이 안 되는데요? 모르는데 어떻게 이런 물건에 입찰할 수 있죠?"

평범이 다소 뾰로통한 목소리로 말했다.

"네, 실제로 많은 사람들이 부동산경매의 이런 면을 의아해합니다. 그렇지만 세금 체납금액 등은 개인정보입니다. 따라서 경매법원에서 매각물건명세서 등에 따로 기재하지 않는다면, 법원이나 채권은행에 문의를 해도 이에 대해 잘 알려주지 않습니다. 한 가지 방법은 현장조사를 통해 소유자나 임차인 혹은 해당 부동산에 대해 잘 알고 있는 부동산 중개인에게 알아보는 건데요. 하지만 대부분은 잘 알려주지 않는답니다."

"알려주는 사람이 없다면 전혀 모르는 상태에서 입찰해야 한다는 건데, 도대체 어떻게 그럴 수 있는지 모르겠습니다."

평범은 부동산경매에 비합리적인 부분이 많다는 사실에 다소 회의감이 들었다.

"평범 씨 말처럼 경매는 입찰자 입장에서 곤란한 경우가 많습니다. 건물 내부를 쉽게 볼 수 없다는 점, 권리분석도 입찰자가 직접 해야 한다는 점 그리고 알아야 하는 정보를 쉽게 얻을 수 없다는 점 등 불리한 게 많지요. 하지만 다른 한편으로 생각하면 바로 이러한 이유 때문에 좀 더 저렴한 가격으로 부동산을 매입할 기회가 생기는 것이죠. 정보를 얻기 어려울 경우 그만큼 해당 물건에 입찰하려는 사람들이 줄어드니까요. 장점과 단점이 공존한다고 생각하면 됩니다."

"말씀을 듣고 보니 그렇긴 하네요. 불편한 면이 있다는 것이 기회일 수도 있겠습니다."

평범이 찌푸린 인상을 펴며 대답했다.

"네, 부동산경매는 접근하기 어려운 물건일수록 수익도 커진다는 매력이 있습니다. 그럼에도 대항력이 있는 임차인이 있다면 압류금액이 얼마이고 당해세에 해당하는 금액은 어느 정도인지 어떻게든 알아보려고 노력해야겠지요. 만약 그렇게 노력하고 애썼는데도 이에 대한 조사가 미흡하다면, 보다 정보가 확실한 다른 물건에 입찰하는 것이 좋습니다."

지혜와 평범은 고개를 끄덕이면서 노트와 노트북에 메모했다.

"배당 순위 외에도 배당받을 때 알아두어야 할 중요한 것이 있습니다. 바로 가압류는 근저당 같은 담보물권처럼 자신의 순서대로 채권을 받아가지 못한다는 겁니다."

평범이 고개를 갸웃거리며 이해하지 못했다는 기색을 보이자, 나경매 여사가 설명을 덧붙였다.

"가압류는 순위가 빠르더라도 가압류가 된 날짜 순서로 변제를 받지 못한다는 뜻입니다. 가압류는 아무리 날짜가 빨라도 가압류보다 늦게 등기된 권리들과 동 순위로 인정됩니다.
그리고 채권비율로 안분배당받게 됩니다. 또 안분된 금액을 배당받은 후순위 권리들 중 담보물권이 있다면 이 담보물

흡수배당 : 먼저 안분배당이 이루어졌다면 근저당이나 저당권 같은 담보물권은 후순위 채권자가 받은 배당금을 흡수할 수 있다.

권은 자신보다 늦은 권리들이 안분배당으로 받아간 금액을 자신의 채권에 충족될 때까지 흡수하게 됩니다. 이를 흡수배당*이라고 합니다."

　"우와, 용어들이 너무 어려워요. 안분이니 흡수니…, 잘 이해가 되지 않는 걸요? 안분이라면 일정 비율로 나눠 갖는다는 건데 좀 더 구체적으로 설명해주시면 좋을 것 같아요."

　지혜의 요청에 나 여사가 화이트보드에 무언가를 적기 시작했다.

　"그래요, 쉽지 않은 내용이에요. 안분배당과 흡수배당에 대해 다시 한 번 설명할게요. 여기를 보세요."

배당할 금액 : 3억 원
등기부에 등기된 권리들 : 2015. 05. 06. 해피은행 근저당　　2억 원
　　　　　　　　　　　　2015. 06. 06. 홍길동 가압류　　　1억 원
　　　　　　　　　　　　2015. 07. 07. 김대감 가압류　　　1억 원

　"배당할 금액이 3억 원이고 각 권리가 위와 같이 등기되어 있다고 가정해보죠. 각 권리는 날짜별로 순서가 있지만 배당금액을 해피은행에 2억 원을 준 뒤 남는 금액 1억 원을 홍길동에게 주는 식으로 배당

하지 않는다는 이야기입니다. 우선 근저당 같이 담보물권인 경우에는 먼저 자신의 금액을 충족할 수 있을 만큼 배당을 받을 수 있습니다. 그런데 가압류는 다음 권리자들과 함께 안분배당한 금액만큼 배당받게 됩니다. 그래서 3억 원 중 해피은행이 먼저 2억 원을 배당받으면 그다음이 홍길동의 가압류이므로 남은 1억 원을 홍길동과 김대감이 채권금액 비율로 안분배당받는 겁니다. 결국, 홍길동 5,000만 원, 김대감 5,000만 원 배당을 받게 되지요."

| 안분배당 계산 |

$$배당할\ 금액\ \times\ \frac{해당\ 권리의\ 채권금액}{각\ 권리의\ 채권금액\ 합계\ 금액}\ =\ 해당\ 권리가\ 배당받을\ 금액$$

먼저 3억 원 중 근저당 해피은행에 2억 원 배당 후,
남은 금액 1억 원으로 홍길동 가압류 1억 원과 김대감 가압류 1억 원에 대해 안분배당받는다.
홍길동이 배당받을 금액은?

$$1억\ 원(나누어\ 가질\ 금액)\ \times\ \frac{1억\ 원(홍길동\ 채권금액)}{1억\ 원(홍길동\ 채권금액)\ +\ 1억\ 원(김대감\ 채권금액)}\ =\ 5,000만\ 원$$

"그런데 담보물권이 배당 순서상 중간에 있을 때는 어떻게 하죠?"

"네, 그럴 경우에는 먼저 안분배당을 받고 나서 아래의 권리자들에 게 배당된 금액에서 자신의 금액이 모두 충족될 때까지 흡수하게 됩니 다. 그래서 이를 흡수배당이라고 하는 거죠. 예를 들어 봅시다."

배당할 금액 : 3억 원
등기부에 등기된 권리들 : 2005. 05. 06. 홍길동 가압류   2억 원
　　　　　　　　　　　　2005. 06. 06. 해피은행 근저당 1억 원(담보물권)
　　　　　　　　　　　　2005. 07. 07. 김대감 가압류   1억 원

"이렇게 가압류의 순위가 가장 먼저 있는 경우에는 우선적으로 채권 비율로 안분배당합니다. 따라서 각각 이렇게 계산합니다."

❶ 홍길동 가압류 2억 원에 대해 안분배당될 금액

$$3억 원(배당할 금액) \times \frac{2억 원(홍길동 가압류)}{2억 원(홍길동 가압류) + 1억 원(해피은행 근저당) + 1억 원(김대감 가압류)} = 1억 5,000만 원$$

❷ 해피은행 근저당 1억 원에 대해 안분배당될 금액

$$3억 원(배당할 금액) \times \frac{1억 원(해피은행 근저당)}{2억 원(홍길동 가압류) + 1억 원(해피은행 근저당) + 1억 원(김대감 가압류)} = 7,500만 원$$

❸ 김대감 가압류 1억 원에 대해 안분배당될 금액

$$3억 원(배당할 금액) \times \frac{1억 원(김대감 가압류)}{2억 원(홍길동 가압류) + 1억 원(해피은행 근저당) + 1억 원(김대감 가압류)} = 7,500만 원$$

  "이렇게 채권비율에 따라 우선 안분배당으로 계산하고, 중간에 저당권 같은 담보물권이 있는 경우 그다음 권리자들이 배당받은 금액에서 담보물권의 채권금액을 채울 때까지 모두 흡수시킵니다. 쉽게 말해, 해피은행은 자신의 채권인 1억 원을 채울 때까지 자신보다 나중 순위인 김대감 가압류권자가 받은 금액을 흡수할 수 있다는 겁니다. 구체적으로 말하면, 해피은행의 채권은 1억 원인데 2,500만 원을 미처 배당받지 못했으므로 이 금액만큼을 김대감이 배당받은 금액에서 가져옵니다. 그러면 해피은행은 1억 원 모두를 받을 수 있고 김대감은 처음 안분배당된 7,500만 원에서 2,500만 원을 뺀 5,000만 원만 배당받게 되겠지요."

| 흡수배당 계산 |

  담보물권이 있는 권리자가 받아야 할 금액을 모두 받지 못했을 경우, 이를 채울 때까지 다음 순위에게 배당된 금액에서 흡수한다.

  ❶ 해피은행이 흡수해야 할 금액

1억 원(해피은행이 받아야 할 금액) − 7,500만 원(해피은행이 안분배당으로 받은 금액) = 2,500만 원

❷ 후순위 김대감이 최종 배당받을 금액

7,500만 원(김대감이 안분배당받은 금액) − 2,500만 원(해피은행이 흡수해야 할 금액) = 5,000만 원

▶ 최종적으로 각 채권자가 배당받는 금액 계산

① 홍길동 가압류 : 1억 5,000만 원(안분배당)
② 해피은행 근저당 : 1억 원(안분배당 + 흡수배당)
③ 김대감 가압류 : 5,000만 원(안분배당 − 흡수배당)

"아하! 그렇군요. 어렵긴 한데 조건만 이해하고 나면 간단한 산수이다 보니 재미있기도 하네요. 이렇게 사례를 들어 계산해보니 안분배당, 흡수배당이 무엇인지 알겠어요."

지혜가 기분 좋은 목소리로 말했다. 하지만 아직 완벽하게 이해가 되지 않은 평범은 집에서 좀 더 복습을 해야겠다고 생각했다.

"부동산경매를 하려면 이 배당 부분은 꼭 공부해서 이해하고 있어야 합니다. 내용은 복잡해보이지만 실제 물건으로 몇 번 분석하고 나면 쉽게 익힐 수 있으니 걱정할 필요 없어요. 그럼 이제 실제 물건으로 배당 순서를 알아보도록 하죠. 임차인의 배당 순서를 파악하기 위해서는 다음과 같은 과정을 거쳐야 합니다."

1. 말소기준권리 찾기

2. 소액임차인 여부 확인하기

3. 임차인의 우선변제권 발생일 확인하기

4. 임차인이 배당요구종기일까지 배당요구를 했는지 확인하기

"그럼 이러한 과정에 따라 각 물건의 배당 순서를 알아볼까요?"

물건 1

등기부 현황						
	접수	권리 종류	권리자	채권금액	비고	소멸 여부
1. 갑1	2008.10.31.	소유권 보존	조XX			
2. 을3	2014.06.14.	근저당	윤XX	170,000,000원		소멸
3. 갑4	2014.07.05.	압류	서울특별시 성북구			소멸
4. 갑5	2014.10.07.	강제경매	김XX	17,000,000원	청구금액	소멸
5. 갑6	2015.04.30.	압류	서울특별시 성북구			소멸

임차인 현황(배당요구종기일 : 2014.12.27.)				
임차인	점유 부분	전입/확정/배당	보증금/월차임	대항력 유무
김차인	주거용 전부	전입 : 2013.12.07. 확정 : 2013.12.07. 배당요구일 : 2014.10.18.	보 160,000,000원	있음

❶ 말소기준권리 : 2014.06.14. 근저당

❷ 임차인인 김차인은 보증금액이 1억 6,000만 원이기에 소액임차인이 아님

❸ 김차인 전입 : 2013.12.07. 확정일자 : 2013.12.07.

   대항력 발생일 : 2013.12.08. 0시(말소기준권리보다 빠르므로 대항력 있음)

   우선변제권 효력 발생일 : 2013.12.08. 0시

❹ 배당요구종기일(2014.12.27.) 이내에 배당요구함(2014.10.18.)

배당 순위

① 경매집행비용

② 3번과 5번 성북구의 압류금액 중 당해세에 해당하는 금액

③ 김차인(2013.12.08.0시) 보증금액 전부

④ 2번 근저당과 3번과 5번 성북구의 압류금액 중 당해세 이외의 조세들 중 빠른 순서대로

⑤ 강제경매 김××의 청구금액

결론 : 임차인인 김차인은 대항력이 있으므로 배당에서 배당받지 못한 금액은 낙찰자가 인수해야 한다.

물건 2

등기부 현황

	접수	권리 종류	권리자	채권금액	비고	소멸 여부
1. 갑1	1998.07.11.	소유권 이전 (매매)	주XX			
2. 을14	2013.03.12.	근저당	조은은행	260,000,000원	말소기준권리	소멸
3. 갑12	2013.08.06.	압류	성동세무서			소멸
4. 갑13	2015.08.20.	임의경매	조은은행	240,000,000원	청구금액	소멸
5. 갑14	2015.08.29.	압류	국민건강 보험공단			소멸

임차인 현황(배당요구종기일 : 2015.10.30.)

임차인	점유 부분	전입/확정/배당	보증금/월차임	대항력 유무
고차인	주거용 전부	전입 : 2015.05.09. 확정 : 2015.05.09. 배당요구일 : 2015.10.16.	보 27,000,000원 월 200,000원	없음
김꽃분	주거용 전부	전입 : 2015.05.09. 확정 : 2014.05.09. 배당요구일 : 2015.10.16.	보 27,000,000원 월 200,000원	없음
	기타 사항	고차인과 김꽃분은 부부 사이		

❶ 말소기준권리 : 2013.03.12. 근저당

❷ 임차인인 고차인은 보증금액이 2,700만 원이므로 소액임차인임

  (임의경매 개시결정기입등기일(2015.08.20.) 이전에 전입과 점유를 함)

❸ 고차인 전입 : 2015.05.09. 확정일자 : 2015.05.09.

  대항력 발생일 : 2015.05.10. 0시(대항력 없음)

  우선변제권 효력 발생일 : 2015.5.10. 0시

❹ 배당요구종기일(2015.10.30.) 이내에 배당요구함(2015.10.16.)

배당 순위

❶ 경매집행비용

❷ 고차인의 보증금액 중 최우선변제금액 2,500만 원

❸ 3번 성동세무서 압류금액 중 당해세에 해당하는 금액

❹ 2번 근저당과 3번 성동세무서 압류금액 중 당해세 외의 조세들 중 빠른 순서대로

❺ 고차인의 나머지 보증금액 200만 원

❻ 5번 국민건강보험공단 압류금액

결론 : 임차인인 고차인은 소액임차인이므로 보증금액 2,700만 원 중 2,500만 원을 최우선적으로 변제받고, 이후 배당할 금액이 있다면 200만 원을 받을 수도 있지만 그렇지 않을 경우 배당받지 못하고 낙찰자에게 집을 비워주어야 한다.

물건 3

	접수	권리 종류	권리자	채권금액	비고	소멸 여부
			등기부 현황			
1. 갑4	2000.09.01.	소유권 이전 (매매)	김XX			
2. 을2	2008.09.10.	근저당	우리은행	36,000,000원	말소기준권리	소멸
3. 을4	2009.11.26.	근저당	한국스탠드은행	169,000,000원		소멸
4. 갑10	2010.03.09.	가압류	이XX	400,000,000원		소멸

5. 갑11	2014.03.19.	가압류	신한카드	6,320,630원			소멸
6. 갑12	2015.07.10.	임의경매	한국스탠드은행	133,493,053원		청구금액	소멸

임차인 현황(배당요구종기일 : 2015.09.19.)				
임차인	점유 부분	전입/확정/배당	보증금/월차임	대항력 유무
송차인	주거용 전부	전입 : 2012.01.02. 확정 : 2012.01.11. 배당요구일 : 2015.08.07.	보 260,000,000원	없음

❶ 말소기준권리 : 2008.09.10. 근저당

❷ 임차인인 송차인은 보증금액이 2억 6,000만 원이므로 소액임차인이 아님

❸ 송차인 전입 : 2012.01.02.   확정일자 : 2012.01.11.

　대항력 발생일 : 2012.01.03. 0시(대항력 없음)

　우선변제권 효력 발생일 : 2012.01.11. 9시

❹ 배당요구종기일(2015.09.19.) 이내에 배당요구함(2015.08.07.)

배당 순위

❶ 경매집행비용

❷ 2번 우리은행 근저당

❸ 3번 한국스탠드은행 근저당

❹ 4번 이××의 가압류, 송차인 임차보증금액, 5번 신한카드의 가압류는 동 순위
　로 안분배당

❺ 송차인이 안분된 배당금액에서 받지 못한 금액을 5번 가압류가 배당받은 금액
　에서 흡수배당

결론 : 송차인은 먼저 두 근저당권자가 배당을 받고 난 후 가압류권자와 동 순위로
안분하여 배당받게 되므로 상당한 금액을 배당받을 수 없게 된다(단, 낙찰금액에 따라
배당금액이 크게 달라진다).

나경매 여사의 설명이 끝나자 지혜가 손을 들었다.

"여사님, 임차인도 근저당권이나 저당권처럼 안분배당을 받은 후 아래 채권자가 배당받은 금액으로부터 흡수배당을 하나요?"

"아주 좋은 질문이에요. 임차인이 확정일자를 받았다면 우선변제권을 가진다고 했습니다. 임차인의 우선변제권은 담보물권처럼 취급을 받으므로 안분배당이 이루어질 경우 근저당처럼 아래 채권자가 받은 배당금으로부터 흡수배당을 하게 됩니다."

평범은 나경매 여사의 설명을 잊지 않기 위해 열심히 노트북에 메모를 했다.

임차인의 우선변제권은 담보물권처럼 취급을 받는다.

"자, 오늘까지 우리는 권리분석하는 방법과 배당 순위에 대해 공부했습니다. 어떤가요? 이제 두 분이 후보로 선택한 세 물건에 대한 생각이 바뀌었나요?"

나경매 여사가 평범과 지혜의 얼굴을 번갈아 보며 물었다. 지혜가 먼저 입을 열었다.

"처음에는 유찰이 많이 됐던 1번 물건에 내심 기대를 했어요. 경매로 집을 구할 경우엔 이렇게 유찰이 많이 된 물건을 낙찰받는 거라는 생각을 하면서 말이죠. 그런데 공부하고 나니 첫 번째 물건을 낙찰받으려면 1억 6,000만 원 이상의 비용이 든다는 걸 알게 되었고, 결국 유찰된 횟수가 많다고 해서 무조건 저렴하게 낙찰받을 수 있는 건 아니라는 사실을 알게 됐어요. 그래서 지금은 임차인이 배당금을 조금밖에 못 받긴 하지만 소액보증금으로 2,500만 원을 우선 받을 수 있는 두 번째 물건이 괜찮은 것 같아요."

"저도 지혜와 생각이 같아요. 세 번째 물건은 후순위 임차인이 받을 수 있는 배당금이 많지 않기에 부동산을 인도받기 너무 힘들 것 같고, 게다가 중대형 아파트라서 금액도 부담이 됩니다."

평범도 자신의 생각을 가감 없이 털어놨다.

"두 분의 생각을 솔직하게 말해줘서 고마워요. 이렇게 권리분석을 하고 나면 어떤 물건에 위험한 권리가 있는지 알게 되고, 임차인의 보증금액 중 인수되는 금액 여부도 확인할 수 있죠. 하지만 권리분석만으로는 그 물건이 좋은 건지 아닌지 확실하게 결론내릴 수 없답니다. 그다음으로 해야 할 것은 해당 부동산에 대해 직접 조사하는 겁니다. 반드시 현장조사를 통해 파악해야 하고요."

"현장조사라면, 직접 그곳에 가서 보는 걸 말씀하시는 거죠?"

이렇게 앉아서만 공부하는 데 이력이 난 평범이 반기며 물었다.

"네, 맞아요. 하지만 이 역시 무턱대고 현장에 나가 조사하는 게 아니라, 어떤 것들을 조사해야 하는지 알고 나서 해야겠죠. 다음 시간에는 현장조사하는 방법을 배우려고 합니다. 어때요?"

"네, 좋습니다!"

나경매 여사와 헤어지고 집을 향하는 두 사람은 긴 시간 집중한 탓에 피곤한 듯 서로 말이 없었다. 그러나 생애 처음으로 살게 될 신혼집을 얻는 데 반드시 거쳐야 할 관문 하나를 통과했다는 뿌듯함 같은 걸 함께 느끼고 있었다. 무엇보다 지금 배우고 있는 이 새로운 지식이 앞으로 살아가는 데도 많은 도움이 될 것 같다는 생각에 발걸음이 가벼웠다.

부동산경매 돋보기

★ 인수되는 권리가 있어요! 어떻게 하죠?

❶ 말소기준권리보다 먼저 등기된 가처분이 있는 경우

가처분은 집행을 보전할 목적으로 재판확정 전에 분쟁이 되는 대상의 물건을 현재 상태로 유지하고 채권자가 채권의 권리를 확보하기 위해 하는 것이다. 이러한 선순위 가처분을 인수했을 경우 이후 가처분권자가 승소하게 되면 낙찰자는 소유권을 잃을 수 있으므로 각별히 주의해야 한다. 가처분의 원인 중 토지 소유자가 건물 소유자를 상대로 등기한 건물철거 및 토지인도에 관한 가처분일 경우 말소기준권리보다 후순위라고 해도 인수해야 하고, 훗날 가처분권자가 승소하면 건물이 철거될 수 있으므로 유의해야 한다.

❷ 가등기가 있는 경우

가등기는 소유권 기타 물권 및 임차권설정 · 이전 · 변경 또는 소멸의 청구권 보전을 목적으로 한다. 말소기준권리보다 먼저 등기됐을 경우 인수해야 한다. 훗날 가등기권자가 본등기를 할 경우 소유권을 상실하거나 인수해야 하는 권리가 생길 수 있으므로 유의해야 한다. 단, 가등기가 저당권처럼 등기된 담보가등기라면 매각으로 소멸되고 선순위담보가등기는 말소기준권리가 된다.

❸ 지역권이 있는 경우

지역권은 일정한 목적을 위하여 타인의 토지를 자기토지(自己土地)의

편익에 이용하는 권리이다. 지역
권은 요역지*와 승역지*로 나뉘
는데, 요역지인 경우 편익을 제공
받을 수 있으므로 인수하게 되더
라도 유익하며, 승역지는 타인의

> 요역지 : 토지에 지역권등기가 된 경
> 우 편익을 받는 토지
> 승역지 : 토지에 지역권등기가 된 경
> 우 편익을 제공하는 토지

토지에 편익을 제공해주는 것이므로 토지를 이용하는 데 제약이 있을
수 있다.

❹ 지상권이 있는 경우

지상권은 타인의 토지 위에 자신의 건물, 수목이나 기타 공작물을 소
유하기 위해 그 토지를 사용할 수 있도록 설정하는 권리이다. 지상권
을 인수해야 할 경우 토지를 사용하는 데에 큰 제약이 있을 수 있다.
하지만 근저당권과 함께 등기된 지상권은 매각으로 소멸된다.

❺ 전 소유자의 가압류가 있는 경우

현재 소유자가 아닌 전 소유자가 있던 당시 등기된 가압류의 경우 따
로 배당을 요구하지 않으면 낙찰자가 인수해야 한다. 요즘은 대부분
배당에 참여하여 소멸되지만, 입찰 전 특별인수 조건이 있는지 혹은
배당에 참여하는지 확인 후 입찰해야 한다.

❻ 환매특약등기가 있는 경우

환매특약이란 부동산을 매도하지만 어느 일정 기간 안에 다시 매수

하기로 계약하는 특약이다. 정해진 기간 안에 계약이 이행되지 않으면 기간이 지난 즉시 환매특약의 효력이 소멸된다. 환매특약등기가 말소기준권리보다 먼저 되어 있을 경우 낙찰자가 인수해야 하고 환매특약이 행사되면 부동산을 특약의 조건으로 다시 매도해야 한다. 때로는 이런 상황이 이득이 될 수도 있다.

❼ 예고등기가 있는 경우

예고등기는 등기원인*이 무효 또는 취소에 의한 등기의 말소, 회복의 소가 제기된 것일 경우, 그 등기에 의하여 소의 제기가

> 등기원인 : 등기부에 권리를 등기하게 된 원인

있었음을 제3자에게 경고하여 소송의 결과로 발생할 수 있는 불측의 손해를 방지하려는 목적으로 한다. 후순위 예고등기도 인수되므로 유의해야 하며, 예고등기권자가 소송에서 승소할 경우 낙찰자가 소유권을 상실하게 될 수도 있다. 그러나 등기부 을구의 저당권 관련 예고등기는 매각으로 소멸된다. 다만 2011년 10월 13일부터 예고등기제도는 폐지되었으며, 대신 처분금지가처분을 통해 그 효력이 대체됐다. 그럼에도 이미 등기되어 있는 예고등기는 효력을 가지므로 주의가 필요하다.

❽ 임차권등기가 있는 경우

임차권등기는 일반적으로 임차인이 임대차 계약이 만료되었음에도

임대인에게서 보증금을 돌려받지 못한 채 전출하여 거주지를 옮겨야 하는 경우, 자신의 대항요건인 주택의 점유와 주민등록 전입의 효력을 이전과 같이 유지시키기 위해 임차권등기명령신청을 하여 하게 된다. 전입과 점유날짜가 말소기준권리보다 빠른 임차인이 임차권등기를 하고 이사를 갔다면 임차인의 기존 대항력과 우선변제권은 그대로 유지되므로 보증금액의 인수 여부를 파악해봐야 한다.

❾ 전세권이 있는 경우

전세권은 보통 임차인이 전세보증금을 회수하지 못할 것에 대비해 임대인의 동의를 얻어 등기부에 등기한다. 전세권은 해당 부동산을 사용·수익할 수 있는 용익물권인 동시에 후순위 권리자들보다 전세금에 대해 우선변제받을 수 있는 담보물권적 성격도 갖고 있다. 집합건물에 등기되어 있는 순위가 가장 빠른 전세권인 경우, 경매를 신청하거나 배당에 참여한다면 말소기준권리가 될 수 있고 매각으로 소멸된다. 배당요구가 없거나 경매신청을 하지 않았다면 전세권은 인수되므로 유의해야 한다. 단독주택의 일부에 등기된 전세권은 배당요구를 하고 경매신청을 했어도 말소기준권리가 될 수 없다. 후순위 전세권은 자동으로 배당에 참여하게 되고 소멸된다.

※ 이외에 등기부에 나오진 않지만 인수되는 유치권, 법정지상권*, 분묘기지권* 등이 있다. 이런 권리를 인수하게 되면 부동산을 사용·수익하는 데 큰 제약이 따를 수 있으므로 이에 대해 제대로 알아보고 공부한 후 입찰하는 것이 안전하

다. 초보자의 경우 되도록 이런 물건에는 입찰하지 않는 것이 좋다.

> **법정지상권** : 어떤 건물이 타인의 토지 위에 서 있는 경우, 토지 소유자가 건물을 철거하고 토지를 인도해달라고 요구를 할지라도 건물 소유자는 법적으로 토지를 인도해주지 않아도 되는 권리. 법정지상권을 가지기 위해서는 여러 가지 요건이 충족되어야 한다.
>
> **분묘기지권** : 타인의 토지 위에 분묘를 설치한 경우, 그 분묘를 위해 그 토지를 사용할 수 있는 권리. 분묘기지권을 가지는 경우는 토지 소유자의 승낙을 받아서 분묘를 설치하였거나, 자신의 토지에 분묘를 설치하고 난 후 분묘를 이장하겠다는 특약 등이 없이 토지의 소유권을 타인에게 넘긴 경우, 타인의 승낙이 없었지만 20년간 평온 · 공연하게 분묘가 유지되어 시효취득된 경우이다.

★ 임차인 권리, 이것만은 잊지 마!

대항력 있는 임차인분석법

① 말소기준권리를 찾는다.

② 임차인의 대항력 발생일을 계산한다.

③ 임차인의 우선변제권 효력 발생일을 계산한다.

④ 임차인이 소액임차인에 해당하는지 확인한다.

⑤ 임차인이 배당요구종기일 이내에 배당요구를 했는지 확인한다.

임차인분석 시 유의사항
- 유료 경매정보 사이트에서 얻은 임차인 내역을 매각물건명세서와 현황조사서 그리고 전입세대열람을 통해 다시 한 번 확인해야 한다.
- 국세·지방세 관련 압류, 근로복지공단 혹은 임금채권 관련 가압류 혹은 압류가 있을 경우, 배당금을 계산할 때 유의해야 한다.
- 임대차 내용을 모르는 선순위 임차인이 있는 경우에 가장 유의해야 한다.

대항력 있는 임차인이 있을 경우 보증금액 인수 여부
- 전입·점유의 요건만 있고 확정일자가 없는 경우 : 배당요구를 해도 낙찰자가 임차인 보증금액을 인수한다(소액임차인의 경우 예외).
- 확정일자가 있지만 배당요구를 하지 않은 경우 : 낙찰자가 인수한다.
- 배당에 참여하고도 보증금에 해당하는 금액을 모두 변제받지 못한 경우 : 변제받지 못한 금액만큼 낙찰자가 인수한다.
- 임차인이 배당요구를 배당요구종기일 이내에 하지 않은 경우 : 낙찰자가 인수한다.

대항력 있는 임차인이 있을 경우 유의사항
- 임차인의 여러 세대원이 전입 신고했을 경우 : 세대원 중 가장 먼저 신고한 사람의 전입일을 기준으로 계산한다.

- 토지와 건물의 말소기준이 다른 경우 : 임차인의 대항력 여부는 건물의 말소기준으로 정한다.
- 전세권을 함께 가진 임차인의 경우 : 전세권자로도 분석하고 임차인으로도 따로 분석해야 한다(전세권 설명 참조).
- 건물이 다가구에서 다세대로 바뀐 경우 : 집합건축물관리대장*이 있는 경우에는 동과 호수까지 모두 전입신고돼 있어야 대항력이 인정된다. 집합건축물관리대장이 없는 경우에는 지번까지만 신고되어 있어도 대항력이 인정된다(임

  > 집합건축물(관리)대장 : 집합건물 건축물에 대해 상세한 내역이 기록되는 공적장부
  >
  > 특수주소 : 아파트, 다세대, 오피스텔, 연립주택 등 지번 다음으로 기재되는 건물의 명칭 및 동·호수를 말한다. 이를 변경하는 것을 특수주소 변경이라고 한다.

  차 당시 집합건축물관리대장이 있었는지 여부에 따라 다르다).
- 임차인이 특수주소* 변경을 한 경우 : 특수주소 변경일이 대항력 기준일이 된다(단, 공무원의 실수로 특수주소 등록이 잘못된 경우, 이것이 밝혀지면 종전 전입일로 인정받을 수 있다).
- 소유자가 부동산을 매도하고 임차인이 된 경우 : 소유권 이전 다음날 0시부터 대항력이 발생한다.
- 첫 경매 시 있던 임차인이 낙찰자(매수자)와 다시 임대차계약을 한 경우 : 낙찰자가 소유권을 취득하는 즉시 대항력이 발생한다.
- 이전 경매(1차 경매) 때 배당에 참여한 임차인이 계속 해당 부동산에 거주하다가 2차 경매가 진행된 경우 : 해당 부동산에 다시 경

매가 진행된다면 그 임차인은 배당에 참여할 수 없고, 대항력이 있으므로 2차 경매의 낙찰자가 보증금액을 모두 인수한다.

소액임차인
- 소액임차인 : 임차보증금액 중 일정액을 주택임대차보호법 제8조에 따라 보호받을 수 있는 임차인을 가리킨다.
- 소액임차인의 최우선변제권 : 소액임차인에 해당되는 임차인이 자신의 보증금액 중 일정액을 다른 선순위권리자보다 우선적으로 매각대금의 1/2 내에서(상가는 1/3 내에서, 2014년 1월 1일부터는 상가도 1/2 내에서) 배당받을 수 있는 권리를 뜻한다.
- 소액임차인 판단 기준일 : 등기부상의 최초 담보물권 등기접수일자가 그 기준일이 된다. 담보물권은 (근)저당권, 담보가등기권을 말하며 그 외 현행법상의 기준일로 본다.
- 소액임차인 판단 시점 : 소액임차인 판단 시점은 배당요구종기일이며, 증액을 했다면 그 금액을 포함하여 소액임차인 여부를 판단한다.
- 최우선변제권 행사 요건
  ① 경매개시결정기입등기일 이전에 전입과 점유의 요건을 갖추어야 한다(확정일자는 요건 아님). 경매개시결정기입등기일 이후의 임차인은 확정일자를 갖췄을 경우 순위대로 배당에 참여할 수 있다.
  ② 배당요구종기일 이전에 배당요구를 해야 한다.
  ③ 보증금액이 소액임차인 요건에 해당해야 한다.

임차권등기

- 임차권등기권자의 대항력 발생일은 임차권등기가 된 시점이 아닌 대항요건인 전입과 점유를 갖춘 시점이다. 임차권등기는 기존의 전입과 우선변제권을 유지한다. 다만 애초에 확정일자가 없던 상황에서 임차권등기를 하기 위해 확정일자를 갖추었다면 우선변제권 효력 발생일은 확정일자를 갖춘 날이 된다. 임차권등기권자는 배당요구를 따로 하지 않아도 배당에 참여할 수 있다. 단 경매개시결정기입등기 이후에 임차권등기를 한 임차인의 경우, 배당요구를 따로 해야 배당에 참여할 수 있다.

- 임차권등기권자가 대항력까지 있는 임차인일 경우 : 임차권등기가 말소기준권리보다 늦어도 매각으로 소멸되지 않는다. 임차권등기를 말소시킬 때는 임차인의 협조가 필요하다. 낙찰자는 부동산을 인도받을 때 임차권등기말소신청서 작성을 위한 인감도장이 날인된 위임장*, 인감증명서, 주민등록등(초)본 등 필요한 서류를 받아둬야 한다.

  위임장 : 어떤 사람이 자신의 업무를 타인에게 위탁하게 하는 문서

- 기타 : 임차권등기가 되어 있는 부동산에 전입한 임차인은 소액임차인이라고 해도 최우선변제를 받을 수 없다. 또 임차권등기 없이 전출했다가 뒤늦게 임차권등기를 했을 경우, 임차권등기가 된 시점을 대항력 발생일로 본다.

전세권

- 전세권자가 전입과 점유까지 한 경우 : 전입과 점유를 갖추고 있으면 임차인의 권리도 함께 행사할 수 있다. 전세권자인 임차인은 전세권자로만 배당에 참여할 수도 있고, 임차인으로만 배당에 참여할 수도 있으며, 두 가지 경우를 함께 행사할 수도 있다. 만약 임차인으로만 배당에 참여할 경우 선순위 전세권은 소멸되지 않으므로 분석 시 유의해야 한다. 전세권설정계약서의 등기필증 접수인은 확정일자로 인정받을 수 있다.
- 집합건물에 등기된 전세권인 경우 : 집합건물의 전세권자는 경매를 신청할 수 있다. 집합건물의 전세권이 최선순위이고 경매신청을 하거나 배당요구를 했다면 말소기준권리가 된다. 건물 일부의 전세권자는 전세금반환청구소송을 통해 강제경매 신청을 해야 하며 말소기준권리가 될 수 없다(집합건물(구분건물)이란, 아파트, 연립, 다세대, 오피스텔, 상가 등의 건물을 의미한다).
- 전세권만 등기한 선순위 전세권자가 배당에 참여하는 경우 : 전액을 변제받지 못하더라도 그 전세권은 소멸한다. 배당에 참여하지 않은 경우라면 소멸되지 않으며 낙찰자가 인수해야 한다. 말소기준권리보다 후순위 전세권은 배당요구를 하지 않아도 배당에 참여하게 되고 소멸된다.
- 일부 건물의 전세권자가 배당에 참여하는 경우 : 일부 건물의 전세권은 건물의 매각(낙찰)대금에 대해서만 변제받을 수 있다. 그러나 전세권자가 우선변제권의 요건을 갖춘 임차인이기도 하다면 대지

의 매각대금에 대해서도 변제받을 수 있다(집합건물의 전세권자는 대지의 매각대금에 대해서도 변제받을 수 있다).

- 전세권자가 법인인 경우 : 법인은 전입신고를 할 수 없어 일반적으로 전세권 등기를 한다. 법인이 주택을 임차하면서 그 소속 직원 명의로 전입을 하고 확정일자를 갖춘 경우라고 해도 주택임대차보호법상의 대항력 및 우선변제권을 행사할 수 없다. 단 2007년 11월 4일 시행된 주택임대차보호법의 일부 개정으로 인해 일정한 조건을 갖춘 법인에 대하여는 대항력과 우선변제권이 인정되고, 임차권등기명령에 따른 등기도 가능하게 되었다. 여기서 일정한 조건을 갖춘 법인이라 하면 대표적으로 한국토지주택공사가 있다. 또한 2013년 8월 13일에 개정된 주택임대차보호법제 3조 3항에 따르면 중소기업법 제2조에 해당한 법인의 직원이 전입하고 확정일자를 갖춘 경우에도 대항력과 우선변제권이 인정된다.

참조_ 《독학 경매 1》(박수진저, 다산북스)

"경매로 나온 부동산은 소유자가 곤란을 겪는 긴 시간 동안 제대로 관리되지 못했을 가능성이 큽니다. 따라서 여기저기 크고 작은 문제가 있을 수 있죠. 그러니 현장조사는 최대한 꼼꼼하게 해야 합니다!"

똑소리 나게 임장하기

"우리의 선택이 우리 삶을 만들어간다.
먼저 선택한 뒤 이 선택에 따라 우리가 변화된다.
생각이 현실이 된다."

앤디 앤드루스Andy Andrews의 《폰더 씨의 실천하는 하루》 중

01

사전조사로
시간 절약하기

기본적인 권리분석 공부를 마친 평범은 당장이라도 현장에 나가서 물건을 눈으로 확인해보고 싶었다. 하지만 실제 물건지에서 벌어질 수 있는 상황을 상상하다 보니 한편 두려운 마음도 들었다.

"얼른 현장에 나가서 조사하고 싶은데, 좀 겁이 나네요. 경매로 나온 집의 벨을 눌렀다가 살고 있는 사람한테 괜히 험한 소리 들을 것 같기도 하고 말이죠. 여러모로 쉽지 않을 것 같습니다."

평범의 난감한 표정을 보며 나경매 여사가 대답했다.

"네, 그렇죠. 일반적으로 부동산경매를 통해 물건 하나를 낙찰받기까지 여러 관문을 거치게 됩니다. 우리가 넘어서야 할 장벽은 다섯 가지입니다."

나경매 여사가 화이트보드에 다음을 써내려갔다.

첫째, 부동산경매에 대한 두려움과 부정적인 시각

둘째, 부동산경매를 공부할 때마다 부딪히는 생소함

셋째, 임장(현장조사)*의 두려움

넷째, 패찰*하게 됐을 때 드는 허탈감

임장 : 현장에 가는 것

패찰 : 낙찰되지 못함

다섯째, 부동산을 인도받는 과정에서 겪

게 되는 어려움

"생각해보세요. 운전을 처음 배울 때 어땠나요? 주차는 어떻게 해야 하는지, 차선을 어떻게 변경해야 하는지, 다른 차가 끼어들면 어떻게 해야 하는지 등 모든 게 어렵고 두려웠을 겁니다. 하지만 시간이 지나고 경험이 쌓이면서 어느 정도 숙달이 되면, 크게 신경을 쓰지 않아도 어렵지 않게 운전할 수 있게 되지요. 부동산경매도 마찬가지랍니다. 익숙해지면 처음보다는 확실히 쉽고 간단하게 할 수 있게 될 겁니다. 그러니 지금 두려움을 느끼는 건 자연스러운 것이라고 여기세요. 다만, 한 가지를 기억하세요. 운전을 능숙하게 할 수 있게 됐다고 해도 반드시 지켜야 할 것이 있죠. 그게 뭘까요?"

"교통법규죠. 교통신호 등은 반드시 지켜야 합니다."

지혜가 큰소리로 대답했다.

"네, 맞아요. 아무리 운전을 잘해도 반드시 지켜야 할 작은 규칙들을 지키지 않는다면 대형사고로 이어질 수 있듯이, 부동산경매도 반드시 해야 할 것과 지켜야 할 것이 있습니다. 해야 할 것을 하지 않으면 큰 손해를 입을 수 있고 인생이 위험한 상황에 놓일 수도 있습니다. 그 해야 할 일 중 하나가 바로 현장조사입니다."

짧은 정적 사이로 평범의 노트북 키보드 소리가 들렸다.

반드시 해야 할 것, 현장조사

"부동산의 일반적인 거래일 경우 물건을 매입할 의도가 있는 사람이라면 해당 부동산을 얼마든지 쉽게 살펴볼 수 있습니다. 그러나 경매로 나온 부동산의 경우 입찰자가 알아서, 능력껏 조사해야 합니다. 이러한 이유로 종종 충분히 조사를 하지 못한 상황에서 부동산을 낙찰받게 되는 일이 생기는 겁니다. 문제는, 경매로 나온 부동산은 소유자가 곤란을 겪는 긴 시간 동안 제대로 관리되지 못했을 가능성이 크므로 여기저기 크고 작은 문제가 있을 수 있다는 겁니다. 이러한 점을 조사하지 않고 낙찰받았다가는 수익은커녕 두고두고 힘들게 할 골칫거리를 떠안게 될 수도 있죠. 따라서 현장조사는 최대한 꼼꼼하게 해두는 것이 좋습니다. 그럼, 어떻게 하면 효율적으로 현장조사를 할 수 있을까요? 다음은 임장할 때 반드시 체크해야 할 목록입니다."

나경매 여사는 평범과 지혜에게 임장 체크리스트가 적힌 인쇄물을 나눠주었다.

임장 체크리스트

조사 목록	세부사항들	확인 여부 (√)
1. 주민센터나 면사무소에서 전입세대열람하기 – 준비물 : 신분증, 해당물건 경매지 사본	1. 전입세대열람 작성	( )
	2. 주소지 제대로 확인	( )
	3. 전입자와 전입일 확인	( )
	4. 전입자와 법원에 신고된 점유자 확인	( )
2. 중개 사무소에 방문해서 시세조사하기	1. 전세가격과 월세가격 확인	( )
	2. 매매가격 확인	( )
	3. 급매가격 확인	( )
	4. 매물량 확인	( )
	5. 수요자들에 대한 파악	( )
	6. 거래가 잘 되는지 파악	( )
	7. 개발호재가 있는지 확인	( )
3. 해당 부동산 조사하기	1. 건물 노후도 확인	( )
	2. 건물 균열 정도 확인	( )
	3. 부동산의 방향 확인	( )
	4. 채광 정도 확인	( )
	5. 습한 정도 확인(곰팡이 확인)	( )
	6. 수리 여부와 비용 예상	( )
	7. 샷시 확인	( )
	8. 관리비 확인	( )
	9. 소음 확인	( )
	10. 호수 확인(문건상의 호수와 일치하는지 확인)	( )
	11. 엘리베이터 확인	( )
	12. 관리비와 공과금(수도세, 전기세, 도시가스비) 연체 확인	( )
	13. 주차시설 확인	( )
	14. 옵션 확인	( )
	15. 도배/장판/싱크대 확인	( )
	16. 빈집 확인(남아 있는 짐 상태 확인)	( )
	17. 점유자 확인	( )
4. 주위 환경 조사하기	1. 전철역과의 거리 확인	( )
	2. 버스정류장 확인	( )
	3. 인근 유치원, 초등학교, 중학교, 고등학교 확인	( )
	4. 편의시설(마트, 병원, 백화점, 사우나, 공원, 놀이터, 도서관, 시장 등) 확인	( )
	5. 기피 시설 확인	( )

"현장조사를 할 때 살펴봐야 할 것이 정말 많네요."

체크리스트를 보던 지혜가 사뭇 놀랐다는 듯 말했다.

"네, 생각보다 조사해야 할 것이 많아 놀랐죠? 이렇게 조사할 것이 많다 보니 시간 내기가 쉽지 않은 직장인들은 힘들겠다는 생각이 들 겁니다. 하지만 이럴 경우 현장조사에 소요되는 시간을 절약하는 좋은 방법이 있습니다. 바로 사전조사를 하는 겁니다. 이를 통해 시간을 절약하는 건 물론이요, 반드시 확인해야 할 부분도 미리 계획해서 조사할 수 있으니 보다 정확한 정보를 얻을 수 있게 됩니다. 요즘 우리는 정보의 홍수 시대를 살아가고 있다고 해도 과언이 아닙니다. 온갖 정보가 넘쳐나는 온라인에서 검색만 하면 누구나 손쉽게 필요한 정보를 얻을 수 있습니다. 조금만 시간을 내 사전조사를 해둔다면 큰 도움이 될 겁니다."

"네, 여사님 말씀처럼 직장을 다니고 있는 저희들은 시간을 내는 게 정말 쉽지 않아요. 그런데 이렇게 사전조사를 한다면 도움이 많이 될 것 같습니다."

그렇지 않아도 현장조사를 위해 바쁜 시간을 더욱 쪼개어야 하는 상황이 부담스러웠던 평범에겐 반가운 이야기였다.

"그랬으면 좋겠네요. 그럼 사전조사를 통해 무엇을 확인하고 알아봐야 할까요? 다음을 보세요."

사전조사 시 확인사항

1. 등기부나 임차인의 신고내역서 혹은 법원의 현황조사내역을 통해 점유자의 상황을 확인한다.

2. 건축물대장, 감정평가서를 통해 건물의 상태를 살펴보고 특별한 문제점이 없는지 확인한다. 이런 서류들을 현장조사하기 진에 꼼꼼히 봐둔다면 많은 정보를 미리 얻을 수 있다.

3. 다음 부동산이나 네이버 부동산 혹은 부동산 114, 국토해양부 사이트를 통해 해당 물건의 매매시세, 전 · 월세시세 등을 미리 조사한다.

4. 지도를 보며 주변의 환경, 즉 학교, 마트, 백화점, 병원, 공원, 전철, 버스정류장의 위치를 확인한다.

5. 해당 시청 · 구청 등의 홈페이지에서 그 지역의 계발계획 등을 확인한다.

●●● 누가 살고 있을까?

"가장 먼저 해야 할 것은 해당 부동산에 어떤 사람이 살고 있는지 확인하는 겁니다. 등기부의 권리와 임차인내역을 통해 점유 상황을 알아볼 수 있겠죠. 그럼 제가 먼저, 후보 물건 1의 상황을 유추해보겠습니다."

등기부 현황						
	접수	권리 종류	권리자	채권금액	비고	소멸 여부
1. 갑1	2008.10.31.	소유권 보존	조XX			
2. 을3	2014.06.14.	근저당	윤XX	170,000,000원	말소기준권리	소멸
3. 갑4	2014.07.05.	압류	서울특별시 성북구			소멸
4. 갑5	2014.10.07.	강제경매	김XX	17,000,000원	청구금액	소멸
5. 갑6	2015.04.30.	압류	서울특별시 성북구			소멸

임차인 현황(배당요구종기일 : 2014.12.27.)				
임차인	점유 부분	전입/확정/배당	보증금/월차임	대항력 유무
김차인	주거용 전부	전입 : 2013.12.07. 확정 : 2013.12.07. 배당구일 : 2014.10.18.	보 160,000,000원	있음

"이 물건의 점유자는 소유자가 아닌 임차인인 김차인입니다. 김차인은 2013년 이후 몇 년간 이 집에 거주하고 있는 셈입니다. 대항력이 있으므로 자신의 보증금 전액을 보장받을 수 있기에 이를 변제받으면 집을 쉽게 인도해줄 것으로 보입니다. 등기부를 보면 김차인이 거주하고 있는 동안 개인이 근저당을 등기했고, 세금 체납으로 인한 성북구의 압류가 있었다는 걸 알 수 있습니다. 이러한 상황일 경우 다른 임차인이 들어오려고 하지 않았을 것이기에 김차인은 이사를 가고 싶어도 계속 거주해야 했을 겁니다. 김차인의 보증금액이 1억 6,000만 원으로 나오는데 그동안 전세금이 많이 올랐을 가능성이 있습니다. 따라서 현장조사 시 정확한 전세시세를 확인해둬야 할 것 같네요. 그리고 현재 김차인이 해당 부동산을 계속 점유하고 있는지 확인하기 위해서 반

전입세대열람 내역

작업일시 : 2015년 6월 13일 13시
페이지 1

행정기관 : 서울특별시 용산구 원효로 제 1동
주소 : 서울특별시 성북구 서경로 18길 ×× ×01호
서울특별시 성북구 (일반 ×산) ×01호

순 번	세대주 성명 전입일자등록 구분	최초전입자 전입일자등록 구분	동거인 수	등기 사항
	주소			순번성명 전입일자 등록
1. 김××	2013.12.07. 거주자	김××		2013.12.07. 거주자
2. 조××	2014.06.26. 거주자	조××		2014.06.26. 거주자

– 이하 여백 –

드시 전입세대열람을 해야 합니다. 김차인은 대항력 있는 임차인인 데다 경매로 자신의 보증금액을 모두 돌려받을 수 있으므로 직접 입찰을 할 가능성도 있다는 걸 염두에 두고 조사를 해야겠습니다. 경매정보 사이트에서는 입찰자가 해야 할 전입세대열람을 미리 해 사이트에 올려두기도 하지만 시간이 경과하면서 새로 전입한 사람이 있거나 그 사이 전출을 하게 되는 경우도 있으므로 현장조사를 할 때는 새롭게 전입세대열람을 해보는 것이 좋습니다. 예전에는 해당 주소지의 주민센터나 면사무소에서만 전입세대열람을 할 수 있었지만, 요즘에는 전국 어느 주민센터나 면사무소에서 열람이 가능합니다. 이제 후보 물건 2와 3에 대해서는 두 분이 저처럼 유추해볼까요?"

	접수	권리 종류	권리자	채권금액	비고	소멸 여부
			등기부 현황			
1. 갑1	1998.07.11.	소유권 이전 (매매)	주XX			
2. 을14	2013.03.12.	근저당	조은은행	260,000,000원	말소기준등기	소멸
3. 갑12	2013.08.06.	압류	성동세무서			소멸
4. 갑13	2015.08.20.	임의경매	조은은행	240,000,000원	청구금액	소멸
5. 갑14	2015.08.29.	압류	국민건강보험공단			소멸

임차인	점유 부분	전입/확정/배당	보증금/월차임	대항력 유무
		임차인 현황(배당요구종기일 : 2015.10.30.)		
고차인	주거용 전부	전입 : 2015.05.09. 확정 : 2015.05.09. 배당요구일 : 2015.10.16.	보 27,000,000원 월 200,000원	없음
김꽃분	주거용 전부	전입 : 2015.05.09. 확정 : 2015.05.09. 배당요구일 : 2015.10.16.	보 27,000,000원 월 200,000원	없음
기타 사항		고차인과 김꽃분은 부부 사이		

평범이 다소 긴장된 목소리로 먼저 물건 2의 점유자 상황에 대해 유추를 시작했다.

"점유자인 고차인과 김꽃분은 소액임차인입니다. 권리분석을 통해 알아본 결과 임차인은 보증금액 2,700만 원 중 2,500만 원은 받을 수 있습니다. 그러나 대항력이 없기 때문에 배당을 받은 후 낙찰자에게 집을 비워주어야 합니다. 문제는 조은은행이 경매를 신청하여 임의경매개시결정이 된 2015년 8월 20일로부터 불과 3개월 전인 2015년 5월에 임차인이 전입과 점유를 했다는 건데요. 이럴 경우에는 여사님이 말씀하셨듯 가장 임차인일 가능성이 큽니다. 또한 현재 점유자가 가장 임차인일 경우 채권자가 배당배제신청을 할 가능성이 크다고 하셨는데요. 만일 그렇게 된다면 물건을 낙찰받더라도 부동산을 인도받는 데 시일이 걸리고 어려움이 있을 것으로 예상합니다."

"아주 잘했어요, 평범 씨. 자칫 놓칠 수 있었던 부분까지 잘 짚어내셨네요. 그럼 후보 물건 3에 대한 유추는 지혜 씨가 해볼까요?"

물건 3

등기부 현황						
	접수	권리 종류	권리자	채권금액	비고	소멸 여부
1. 갑4	2000.09.01.	소유권 이전 (매매)	김XX			
2. 을2	2008.09.10.	근저당	우리은행	36,000,000원	말소기준등기	소멸
3. 을4	2009.11.26.	근저당	한국스탠드은행	169,000,000원		소멸
4. 갑10	2010.03.09.	가압류	이XX	400,000,000원		소멸
5. 갑11	2014.03.19.	가압류	신한카드	6,320,630원		소멸
6. 갑12	2015.07.10.	임의경매	한국스탠드은행	133,493,053원	청구금액	소멸

임차인 현황(배당요구종기일 : 2015.09.19.)				
임차인	점유부분	전입/확정/배당	보증금/월차임	대항력 유무
송차인	주거용 전부	전입 : 2012.01.02. 확정 : 2012.01.11. 배당요구일 : 2015.08.07.	보 260,000,000원	없음

"현재 물건 3의 점유자인 송차인은 대항력이 없으므로 자신의 보증금액 중 상당 부분을 받지 못할 것으로 보입니다. 이 물건의 경우 소유자가 은행으로부터 담보대출을 두 번 받았고 거기다 꽤 큰 가압류가

설정되어 있는 상황이었는데요. 그런데 이런 집으로 이사를 했다는 것이 납득이 가지 않네요. 송차인도 가장 임차인일까요?"

자신이 분석한 내용이 맞는지 확신할 수 없는 지혜가 나경매 여사를 바라보았다.

"그럴 수도 있겠지만, 사실 대부분의 가장 임차인은 순위에 상관없이 먼저 배당을 받을 수 있는 소액임차인으로 신고하는 경우가 많습니다. 송차인은 그런 상황이 아닌 걸로 봐서, 아마도 곧 대출금을 갚을 거라는 소유자의 이야기만 믿고 임대차계약을 한 게 아닐까 싶어요. 그런데 약속이 지켜지지 않았던 것이죠. 결국 이러한 집에 선뜻 들어오려고 하는 임차인을 구하기 힘들었을 테고 그렇다 보니 송차인은 다른 곳으로 이사를 가고 싶어도 가지 못한 상태로 계속 살았을 가능성이 큽니다."

"그렇군요. 그렇다면 더더욱 물건 3의 경우 집을 인도받기 어려울 것 같네요. 이러한 물건에는 입찰하지 않는 편이 좋겠죠?"

"글쎄요, 지혜 씨. 부동산 인도에 어려움이 있겠다는 것은 예상에 불과하니 일단 현장조사를 하고 난 뒤 입찰을 할지 말지 정하도록 해요. 그때 결정해도 늦지 않거든요"

나경매 여사가 웃으며 이야기했지만 평범과 지혜는 여전히 후보 물건 3에는 마음이 가지 않았다.

●●● 감정가는 어떻게 정해지는 걸까?

"사전조사 시 중요한 것 중 하나는 감정평가서를 보는 겁니다. 법원은 경매를 진행하기 위해 우선적으로 해당 부동산을 감정합니다. 따라서 해당 물건에 입찰할 마음이 있다면 법원에서 어떻게 감정을 했는지 확인해야겠죠. 법원은 이 감정을 바탕으로 경매의 최초가인 감정가를 정하는데, 입찰할 때는 그 사이 가격 변동이 있을 수 있기 때문에 언제 감정이 된 것인지 반드시 확인해야 합니다. 또한 이 감정평가서에는 해당 부동산에 대한 여러 가지 정보가 기재되어 있습니다. 간혹 건물의 내부 사진이 올라올 때도 있는데, 그렇다면 큰 도움이 되겠죠? 두 분의 이해를 돕기 위해 제가 한 가지 준비했어요. 후보 물건 1의 감정평가서 중 일부 내용입니다."

8. 토지이용계획 및 제한상태

(정릉동 227-22), (정릉동 227-23)

도시지역, 제2종 일반주거지역(7층 이하), 가축사육제한구역〈가축분뇨의관리및이용에관한법률〉, 대공방어협조구역(위탁고도 : 77~257m)〈군사기지및군사시설보호법〉, 과밀억제권역〈수도권정비계획법〉, 상대정화구역〈학교보건법〉임.

(중략)

10. 그 밖의 사항

1) 본건의 소재지, 지번, 지목*, 면
적 등은 귀 제시목록 및 등기사항전
부증명서 등의 제반 관련 공부*에
의하였음.

지목 : 토지의 주된 용도에 따라 그
종류를 구분해놓은 것

공부 : 등기사항전부 증명서 혹은
건축물 대장 등 공적장부의 줄임말

2) 본건은『집합건물의 소유 및 관리
에 관한 법률』제20조에 따라 구분건물과 대지사용권이 일체성을 가지
며, 특정한 사유가 없이 분리하여 거래가 불가능하므로 토지 · 건물의
구분평가는 곤란하나, 귀원의 제시사항에 따라 토지와 건물에 귀속되
는 각각의 배분가격을 병기하였음.

3) 본건 건물은 지상1층 무단 증축하여 옥외 주차 2대 불가로 위반건축
물 표기(교통지도과─10891(2011.06.10.), 교통지도과─100839(2012.12.13.))
되어 있으며 본건 102호 전유부 무단증축 18.2㎡ 주거용 사용으로 위
반건축물 표기(주택관리과─4064(2011.03.07.)되어 있으니 경매 진행 시
참고하기 바람.

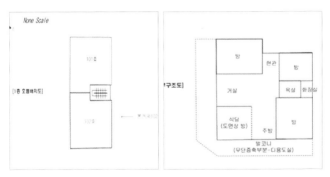

출처 : 대법원 법원 경매정보 사이트 감정평가서

"저도 물건의 감정가가 어떤 기준으로 결정되는지 궁금했어요. 역시 따져봐야 할 것들이 많네요."

평범의 이야기에 고개를 끄덕인 나경매 여사가 말을 이었다.

"감정평가서의 내용 중 토지이용계획 및 제한상태를 보면, 이곳이 제2종 일반주거지역*임을 알 수 있습니다. 이는 만일 훗날에 여기에 건물을 다시 짓고자 해도 7층 이하의 건물만 지을 수 있다는 뜻입니다. 이처럼 토지에 관한 계획과 제한상태는 토지이용계획확인원*을 열람해서 알아볼 수 있습니다."

감정평가서에 이렇게 다양한 정보가 있을 거라고는 예상치 못했던 평범은 노트북에 '현장조사 전 반드시 감정평가서를 꼼꼼히 확인할 것'이라고 기록한 뒤, 그 내용에 밑줄까지 그었다.

> 제2종 일반주거지역 : 도시계획법으로 주거지역을 세분화하였는데, 그중 2종 일반주거지역은 중층 주택 중심의 주거환경을 만들기 위해 지정된 지역이다.
>
> 토지이용계획확인원 : 법에 따라 마련된 토지의 이용계획을 확인할 수 있는 문서

"현장에 가서 건물만 보고 왔다면 확인할 수 없었을 부분이죠. 이렇게 감정평가서를 통해 건물의 이상 여부를 미리 파악한다면 그것을 염두에 두고 현장조사를 할 수 있으니 큰 도움이 되겠지요."

나경매 여사의 설명을 들으면서 지혜는 감정평가서 내용을 살폈다.

"아파트나 층이 높은 다세대인데도 엘리베이터가 없는 경우가 있죠? 이러한 내용도 감정평가서에 나와 있습니다. 이를 미처 확인하지 못했다면 현장조사 시 엘리베이터 여부를 확인해야 합니다. 또 현장에

서 베란다의 샷시가 어떤 종류인지도 확인하세요. 샷시의 경우 이중 샷시가 가장 좋은데 그렇지 않아서 샷시를 교체해야 하는 일이 생긴 다면 꽤 많은 추가비용이 소요될 수 있습니다. 특히 건물 내부를 볼 수 없을 때는 네이버 부동산에서도 아파트의 평면도 정도는 얼마든지 확인할 수 있으니 참조하세요."

● ● ● 건축법 위반 문제는 없을까?

"다음으로 해당 물건에 법적인 문제가 없는지 알아보는 것도 중요 합니다. 건물의 소유권은 등기부상의 소유자에게 있습니다. 다만 소유한 건물의 실제 면적 등은 건축물대장을 따릅니다. 따라서 건물의 용도 및 면적은 물론이요, 이상 여부나 건축법 관련 위반 문제 여부를 확인하려면 건축물대장을 봐야 합니다. 건축물대장은 민원24에서 무료로 열람할 수 있습니다."

출처 : 민원24

집합건축물대장(전유부) 위반건축물   장번호 : 1-1

| 고유번호 | 1129013300-3-0227 **** | | 명칭 | ··· 맨션 | 호명칭 | 4* |

| 대지위치 | 서울특별시 성북구 정릉동 ******* | 지번 | **** 227- 외 1필지 | 도로명주소 | 서울특별시 성북구 서경로 *길 |

전유부분				소유자현황			
구분	층별	※구조	용도	면적(㎡)	성명(명칭) / 주민(법인)등록번호 (부동산등기용등록번호)	주소	소유권 지분	변동일자 / 변동원인
주	4층	철근콘크리트구조	다세대주택	60.07	조 ** / 570512-1******	서울특별시 관악구 남현동 ***** ***	1/1	2008.10.01 / 소유자등록
		- 이하여백 -			조 ** / 570512-1******	서울특별시 관악구 남현동 ***** ***	1/1	2008.10.31 / 소유권보존

공용부분					공동주택(아파트) 가격(단위 : 원)	
구분	층별	구조	용도	면적(㎡)	기준일	공동주택(아파트)가격
주	각층	철근콘크리트구조	주차장	24.76		
주	각층	철근콘크리트구조	계단실	5.42		
		- 이하여백 -				

* 「부동산 가격공시 및 감정평가에 관한 법률」 제 17조에 따른 공동주택가격만 표시됩니다.

■ 건축물대장의 기재 및 관리 등에 관한 규칙 [별지 제5호서식]

집합건축물대장(전유부)   장번호 : 1-3

| 고유번호 | 1129013300-3- ·········· | |

변동사항		건축물현황도
변동일자	변동내용 및 원인	
2008.10.01	2008.10.01 사용승인되어 신규작성(신축)	
2008.10.30	건축과-25638(2008.10.30)호 의거 소유권지분 정정(조영록 1/2 윤미옥 1/2 -> 조영록 1/1)	
2011.03.07	주택관리과-4064(2011.03.07)호 의거 위반건축물 표기 [위반내용:지상4층 무단증축,위반면적:30.4㎡,위반용도:주거]	
2011.06.13	교통지도과-10891(2011.06.10)호 의거 지상1층 무단증축으로 옥외주차 2대 불가로 위반건축물 표기	
	- 이하여백 -	

출처 : 민원24

● ● ● 책상에서 시세조사하는 법

"두 분은 어느 지역의 특정 부동산에 관한 정보를 얻고자 할 때 제일 먼저 어디에서 찾나요? 대부분은 포털 사이트에서 찾아보겠지요. 그러나 인터넷에 올라온 부동산 매물 중에는 간혹 허위 매물도 있습니다. 직접 현장에 나가서 조사하기 전에 미리 시세파악을 해두되 이 점을 유의하기 바랍니다. 네이버 부동산이나 다음 부동산 혹은 부동산 114 등에서 검색해보면 해당 물건의 매매가격, 전세가격, 월세가격을 볼 수 있습니다. 요즘에는 유료 경매정보 사이트에서도 이러한 정보를 쉽게 찾을 수 있지요."

주요사항을 필기하던 지혜가 손을 들며 질문했다.

"그런데 인터넷에 올라온 주택의 매물가격이나 유료 경매정보 사이트에 올라온 매물가격을 실제 거래되는 가격이라고 믿어도 되나요?"

"예전에는 실제로 가 보면 없는 허위 매물인 경우도 많았고 실제 가격과 차이가 많은 매물이 올라오기도 했습니다. 하지만 요즘에는 많이 개선된 것 같습니다. 그렇다고 해도 단 한 곳의 정보만 보고 판단해서는 안 되겠죠. 실제 거래된 가격, 인터넷에 올라온 매물가격 그리고 부동산 중개소를 통해 알아본 시세 등을 모두 종합해서 판단하세요. 특히, 시세를 확인할 때는 해당 면적의 가격이 맞는지 꼭 확인해야 합니다. 후보 물건 2 행복 아파트의 면적은 전용 54㎡입니다."

거래	확인일자	매물명	면적(㎡)	동	층	매물가(만 원)
매매	확인 매물 2016.10.10.	행복 아파트 층간 소음 없고 깨끗한 아파트	163/134	112동	25/25	50,000
매매	확인 매물 2016.10.9.	행복 아파트 가격 저렴 추천 매물	199/104	113동	22/25	56,000
매매	확인 매물 2016.10.9.	행복 아파트 올 수리된 아파트	72/54	104동	23/23	28,000

"이와 같은 방식으로 매물목록이 나오는데요. 면적의 경우 공급면적*/전용면적*으로 표시되고, 해당 동과 해당 층/최고 층이 표기되며, 마지막은 거래 종류에 따른 가격이 나옵니다. 다만 경매 물건의 건물 면적은 공급면적이 아닌 전용면적으로 표시됩니다. 따라서 행복 아파

공급면적 : 전용면적에 주거공용면적을 합한 면적을 말한다. 주거공용면적은 다른 세대와 공동으로 사용하는 면적으로서 복도나 엘리베이터 등의 면적이다.

전용면적 : 아파트나 다세대 같은 집합건물에서 해당 호의 거실, 주방, 화장실 면적을 합한 면적

트의 건물 면적은 54㎡이므로 '72/54'라고 표기된 매물로 시세를 파악해야 합니다. 또 아파트의 매물가격은 어느 동인지(향), 몇 층(로열층)인지에 영향을 받기 때문에 되도록이면 경매 물건과 같은 동인지 그리고 저층, 중층, 고층인지를 구분하여 비슷한 조건에서 가격을 파악하는 것이 보다 정확합니다."

지혜와 평범은 연신 고개를 끄덕이면서 나경매 여사의 설명을 필기했다.

"이렇게 포털 사이트에 올라온 부동산 정보만으로도 경매 물건의 매매가격뿐 아니라 전세가격, 월세가격까지 모두 파악할 수 있답니다. 현장에 나가기 전에 인터넷에서 미리 시세조사를 하고 가면 현장 부동산 중개소에서 얻게 되는 정보와 비교해볼 수 있으니 보다 객관적인 정보를 확보할 수 있게 되겠지요."

"그렇네요, 여사님. 사실 저는 부동산 중개인들의 이야기도 완전히 신뢰할 수는 없다는 생각이 들 때가 있었거든요. 미리 개략적인 정보

를 알아두고 가면 그들의 이야기들도 잘 가려서 들을 수 있을 것 같아요. 그런데 실제 거래된 가격도 중개인들이 이야기해주나요?"

"실제 해당 부동산이 얼마에 거래됐는지 확인하고 싶다면, 국토교통부 홈페이지를 활용해보세요. 여기에 들어가면 부동산 실거래 가격을 찾아볼 수 있습니다. 다만 실제 거래가 잘 되는지 아닌지는 몇몇 부동산 중개소를 찾아 탐문하는 것이 좋습니다. 또 실제 거래가격을 확인할 때는 현격한 가격 차이가 있을 경우 업계약서*나 다운계약서*로 작성된 가격일 수 있으므로 유의해야 합니다."

> 업계약서 : 부동산 거래에 있어 불법적인 계약 형태의 계약서로서 실제 거래한 금액보다 더 많은 금액을 기재한 계약서를 말한다.
> 다운계약서 : 부동산 거래에 있어 불법적인 계약 형태의 계약서로서 실제 거래한 금액보다 더 적은 금액을 기재한 계약서를 말한다.

"그런데 여사님, 저희는 전세나 월세 집을 찾거나 집을 구입하려는 것도 아니잖아요. 그런데 이것저것 물으면 중개인들이 싫어하지 않을까요? 여러모로 물어보기가 쉽지 않을 것 같은데…."

평범은 실제 현장에서 부동산 중개소에 들르게 되면 무엇을 어떻게 물어야 할지 막막했다.

"부동산 중개소에 들러 물어볼 때는 경매로 나온 물건을 조사하러 왔다고 먼저 양해를 구하고 물으면 됩니다. 아예 답변을 해주지 않거나 실제와 다른 가격을 말해주는 경우도 있으니 미리 인터넷으로 시세를 파악해보고 가는 게 좋습니다. 물론 친절하게 설명을 잘해주는 중개인들도 많답니다."

부동산 시세조사 시 유의사항

법원에 신고된 부동산의 임대차 가격이 실제와 차이가 많이 나는 경우가 있다. 임차인이 여러 가지 권리관계가 복잡한 집을 싸게 임차하고 있는 경우일 수도 있고, 문제가 많은 부동산을 다른 사람에게 떠넘기기 위해 임대가 잘 나가는 것처럼 위장해놓은 경우일 수도 있다. 만일 법원의 기재된 내용만 믿고 이런 물건을 낙찰받게 되면 임대가 잘나가지 않는 곤란한 상황이 생길 수 있으므로 이를 염두에 두고 꼼꼼하게 시세조사를 해야 한다.

●●● 주변엔 무엇이 있을까?

"자, 그럼 해당 물건이 있는 현장에 나가볼까요? 먼저 인터넷지도 검색을 통해 정확한 위치와 주변 환경, 교통편을 확인해두면 현장에서 해당 물건을 찾는 데 소요되는 시간을 줄일 수 있겠죠?"

"여사님, 요즘엔 웬만하면 차에 내비게이션이 장착되어 있잖아요. 이를 활용하면 그 지역까지 헤매지 않고 찾아갈 수 있고, 스마트폰만으로도 쉽게 지도를 검색할 수 있어요. 가까이에 도착해서 몇 번만 클릭해도 해당 물건 앞에까지 인도해줄걸요?"

평범이 나경매 여사에게 자신의 스마트폰을 흔들며 대답했다.

"맞아요. 평범 씨. 요즘엔 스마트폰 하나만 가지고 있어도 쉽게 지도를 검색하고 원하는 곳까지 헤매지 않고 찾아갈 수 있는 세상이죠. 그런데 스마트폰으로 길을 검색했는데 엄한 곳으로 잘못 안내되는 경우도 종종 있답니다. 경매로 나온 부동산에 대해 정확히 알아보려고 현장에 가는 건데 이런 일이 생겨서는 안 되겠죠? 그러니 출발하기 전에 우선 지번도로 검색해서 정확한 위치를 파악한 뒤 출발하는 것이 안전하고, 해당 목적지를 찾지 못해 길에서 시간을 낭비할 필요가 없으니 더욱 현명합니다."

"맞아요. 저도 한번은 지방에 내려갔다가 자동차 내비게이션이 같은 상호를 가진 엉뚱한 곳으로 안내해서 왔던 길을 돌아나와야 했던 적이 있었어요."

지혜가 나 여사의 이야기에 공감하며 대답했다.

"무엇보다 현장조사 전에 지도를 검색할 것을 강조하는 건, 해당 물건지의 위치를 파악하는 것뿐 아니라 지도를 보며 물건지 주변 환경을 살펴볼 수 있기 때문입니다. 해당 부동산에서 가까운 도로가 어디에 있는지, 전철역과 거리는 어느 정도 되는지, 가까이에 대형 마트나 백화점 등의 편의시설이 있는지, 주변에 유해 시설이나 공장 단지는 없는지 그리고 공원과 산, 강 같은 자연환경은 어떤지 등 부동산과 관련해 전반적인 환경과 사항들을 함께 보는 습관을 들이는 게 좋습니다. 단지 주소지만 검색해서 찾아간다면 놓치기 쉬운 것들이죠. 이러한 이유로 저는 지도를 적절히 활용하길 권한답니다."

"그림은 서울시 노원구 석계역 근방의 아파트 주변 지도입니다. 이 아파트의 경우 주변에 고등학교가 있고 상업빌딩 건물들이 보입니다. 오른쪽으로 중랑천이 흐르고 1호선과 6호선 전철역이 가까이에 있습니다. 전철역과의 거리는 가까워서 좋긴 하지만 간혹 전동차의 잦은 운행으로 소음이 심할 수도 있으니 임장 체크리스트에 '소음을 측정할 것'이라고 미리 적어두는 게 좋겠습니다. 그 밖에도 학군이 부동산가격에 미치는 영향 또한 무시할 수 없으니 실제 초등학교와 중학교까지 거리가 어느 정도 되는지도 확인할 필요가 있겠죠. 이처럼 부동산경매를 잘하려면 지도와 친근해져야 합니다. 지도에서 먼저 주변을 살펴보지 않고 곧장 현장에 나가게 되면 이러한 큰그림이 보이지 않습니다."

●●● 숨어 있는 호재를 찾아라

"여사님, 후보 물건 2의 경우 1998년 4월 10일에 사용승인이 되었다고 나오네요. 그렇다면 거의 20년이 다 돼가는 건데요. 이렇게 오래된 아파트를 구입해도 될까요?"

여전히 2번 물건에 관심이 많은 지혜가 물었다.

"지혜 씨가 중요한 질문을 했네요. 이 아파트는 지어진 지 꽤 오래되었는데요. 이렇게 노후한 아파트일 경우에는 재건축 계획이나 지역의 개발계획 등이 있는지 알아봐야 합니다. 만약 그런 호재가 없다면 주거나 생활에 불편한 점은 없는지 꼼꼼히 살펴봐야겠죠."

"재개발·재건축 사업 관련 정보를 일반 사람들도 알 수 있나요? 어떻게 알아보면 될까요?"

그동안 부동산 개발 계획 정보는 아무나 얻을 수 있는 게 아니라고 생각해왔던 평범이 물었다.

"얼마 전까지만 해도 이런 정보는 소수 사람들만 알고 있었고 이들 사이에서만 공유되고 있었어요. 하지만 인터넷의 발달로 인해 조금만 노력하면 이러한 정보를 손쉽게 얻을 수 있게 됐답니다. 해당 아파트가 재건축이나 재개발 지역에 속해 있는지 그리고 사업이 어느 정도 진행되었는지 알고 싶다면, 서울 지역의 경우 서울시가 운영하고 있는 재개발·재건축 클린업시스템 홈페이지에서 찾을 수 있습니다."

번호	자치구	사업구분	사업장명	대표지번	진행단계	공개자료수	공개적시성	자료충실도	이동
8	도봉구	주택재개발	도봉제2구역 주택재개발정비사업조합	도봉동 95	사업시행인가	961건	50.0%	100.0%	보기 ›
7	도봉구	주택재개발	도봉제3구역 주택재개발정비사업조합	도봉동 625	사업시행인가	1041건	-	-	보기 › 일시중단
6	도봉구	주택재건축	성삼연립 주택재건축정비사업조합	방학동 636	조합설립인가	113건	0.0%	89.89%	보기 ›
5	도봉구	주택재건축	쌍문동 137-13번지일대 주택재건축정비사업조합설립추진위원회	쌍문동 137-13	추진위원회승인	215건	0.0%	89.41%	보기 ›
4	도봉구	주택재개발	쌍문제1구역 주택재개발정비사업조합	쌍문동 414	이천고시	732건	0.0%	86.0%	보기 ›
3	도봉구	주택재건축	쌍문11구역 주택재건축정비사업 조합설립추진위원회	쌍문동 460-80	추진위원회승인	26건	-	-	보기 › 일시중단
2	도봉구	주택재건축	쌍문1구역 주택재건축정비사업 조합설립추진위원회	쌍문동 460-188	추진위원회승인	81건	-	-	보기 › 일시중단
1	도봉구	주택재건축	쌍문3동백조아파트주변지구 주택재건축정비사업 조합설립추진위원회	쌍문동 724	추진위원회승인	165건	10.0%	92.98%	보기 ›

출처 : 재개발 · 재건축 클린업시스템

02

현장조사의
기술

사전조사 시 반드시 체크해야 할 사항들에 대한 나경매 여사의 설명이 끝나자, 평범과 지혜는 조만간 현장에 나가 자신들이 골라놓은 물건들을 직접 확인할 수 있다는 생각에 마음이 설레었다. 특히나 사전조사를 통해 해당 부동산에 대해 많은 정보를 얻게 되면서 보다 명확한 그림을 그릴 수 있었다.

"공부하기 전에는 경매로 나온 부동산을 어떻게 조사해야 할지 조금 막막했어요. 그런데 사전조사를 통해 꼼꼼하게 조사했으니 현장에 나가서 어떤 것을 중점적으로 보면 될지 알게 되어 보다 안전하게 입찰할 수 있겠다는 생각이 들어 마음이 놓여요."

"저도 마찬가집니다. 미리 조사를 한 덕에 현장에 가서 조사한 것이 맞는지 아닌지 비교해서 확인할 수 있다는 게 좋네요. 큰 도움이 될 것 같습니다."

지혜의 말을 평범이 거들었다.

"사전조사의 필요성을 깨달은 것 같아 다행입니다. 이처럼 사전조사를 마쳤다면 실제로 현장에 나가 조사를 해야겠죠? 투자의 성패가 이 현장조사에 달려 있다고 해도 과언이 아닐 정도로 현장은 매우 중요합니다. 지금부터 현장에서 해당 부동산에 대해 효율적으로 조사하는 방법에 대해 알아볼 텐데요. 먼저, 임장 시 필요한 준비물부터 챙겨볼까요?"

임장을 위한 준비물

1. 해당 물건 내용 사본 : 주민센터에서 전입세대열람 시, 해당 부동산에 경매가 진행되고 있음을 증빙할 때 필요하다. 현장조사를 할 때 수시로 봐야 하므로 지참해야 한다.

2. 카메라 : 눈으로만 보면 이 후에 기억이 나지 않을 수 있으니 나중을 위해서라도 현장 사진을 찍어두면 유용하다.

3. 신분증 : 전입세대열람 시 필요하다.

4. 편한 신발과 복장 : 현장에 나가면 많이 걷게 되므로 되도록 편한 신발을 신고, 가급적 화려한 장신구는 하지 않는 것이 좋다.

5. 선크림 : 현장조사 경험이 있다면 반드시 필요하다는 것을 알 것이다.

6. 물 : 생수병이 있다면 관공서 등에서 물을 채울 수도 있다.

7. 필기도구

8. 메모지

9. 간단한 간식

10. 검색한 지도 사본, 현장 체크리스트

"해당 부동산에 방문할 때는 대중교통을 이용하는 것이 좋습니다. 실제 해당 지역의 주민들이 이용하는 대중교통으로 현장감을 느껴보기 위함입니다. 대중교통 이용의 편리성이 부동산 가격에 미치는 영향은 매우 큽니다. 대중교통을 쉽게 이용할 수 있는 곳일수록 다른 지역에 비해 가격이 높게 형성됩니다. 지도에서는 해당 물건지가 전철역과 가까워 그저 좋다고 생각했을 수 있지만, 현장에 나가 보면 실제는 그 길이 오르막길이거나 중간에 길이 막혀 있는 경우도 있을 수 있습니다. 따라서 현장에 가봐야 보다 확실하게 판단할 수 있게 됩니다. 이때 해당 부동산 주위를 도보로 탐문해보길 바랍니다. 한번은 관심 있던 아파트가 전철역과 가까운 거리에 있었는데 실제 가봤더니 이 아파트가 지대가 높은 오르막에 위치하고 있더군요. 역세권*인 이 아파트가 보다 먼 거리에 있는 평지의 아파트에 비해 매매가격 및 임대가격이 저렴해서 이상했는데,

역세권 : 전철역 혹은 기차역을 도보로 이용할 수 있는 거리에 있는 지역. 일반적으로 전철역 500m 내외를 역세권이라고 한다.

그 이유가 있었던 것이죠. 전철역에서 내려 걷기에는 멀고 버스를 타기에는 가까운, 이처럼 애매한 거리에 위치한 부동산일 경우에도 임대가 잘 나가지 않을 수 있습니다. 전철역에서 다소 떨어져 있는 부동산이라면, 전철역에서 해당지까지 버스를 이용하기 편한지, 해당지에서 가까운 버스 정류장이 어디에 있는지 확인하는 것이 좋습니다. 버스를 이용해야 한다면 인터넷으로 미리 버스편을 알아본 뒤 출발한다면 시간을 많이 절약할 수 있겠죠?"

●●● 현관문을 두드리기 전에 해야 할 것들

"여사님, 그런데 전입세대열람은 왜 해야 하는 건가요?"

"해당 부동산에 누가 전입해 있는지 알아보기 위해서죠. 대개는 소유자나 임차인이 전입자이겠지만, 그냥 전입신고만 한 채 살고 있는 제3자일 수도 있답니다. 혹은 전입신고는 했으나 전출신고를 하지 않아 실제 아무도 거주하고 있지 않을 수도 있고요. 따라서 먼저 전입세대열람을 한 뒤 현장의 이웃주민들에게 묻는 식으로 실제 해당 부동산에 거주하고 있는 사람이 있는지, 어떤 사람인지 등을 알아보는 것이 좋습니다."

"그런데 전입세대열람이란 게 해당 주소지에 누가 전입해 살고 있는지 알아보는 거라면, 아무나 확인할 수 있나요? 소유자나 관계자만 확인할 수 있는 게 아닌가요?"

지혜는 집주인이나 관계자가 아닌 사람이 전입자에 대해 조사하는 것을 주민센터에서 허락해줄 것 같지 않았다.

"네, 이러한 문제로 논쟁이 벌어진 적도 있어요. 결론적으로 지금은 해당 부동산에 경매가 진행 중이라는 사실만 증명하면 얼마든지 해당 부동산의 전입세대를 열람할 수 있답니다. 단, 해당 부동산에 경매가 진행되고 있음을 증빙할 자료를 반드시 제출해야 합니다. 일반적으로 경매정보 사이트에 있는 내용을 출력해서 제출하면 됩니다."

"여사님, 너무 기본적인 질문인 것 같긴 한데요. 전입세대는 어떻게 열람하죠?"

평범이 다소 부끄러운 듯 머리를 긁적이며 물었다.

"아녜요. 초보자들에겐 모든 게 생소하니까 부끄러워할 필요가 없어요. 전입세대를 열람하려면 주민센터에 비치된 전입세대열람 신청서를 작성해 신분증과 함께 제출하면 됩니다. 예전에는 해당 물건지의 관할 동 주민센터나 면사무소에서만 열람할 수 있었는데 지금은 전국 어느 주민센터에서든지 열람할 수 있게 됐죠. 다만 유의사항이 있습니다. 간혹 전입세대열람내역서에 법원에 신고되어 있는 전입자가 나오지 않는 경우가 있습니다. 이는 두 가지 이유 때문입니다."

첫째, 경매가 진행되는 사이 전입자가 전출한 경우
둘째, 전입세대열람 신청 시 주소를 잘못 기재한 경우

"입찰자 입장에서야 법원에 신고된 전입자가 전출을 한 것이라면 가장 좋겠지요. 하지만 대개는 이 경우보다 두 번째에 해당할 때가 많으니 유의하세요. 따라서 법원에 조사된 전입자가 전입세대열람 시 나오지 않는다면 여러 방법을 동원해서라도 두 번째에 해당하는지 다시 알아보는 것이 좋습니다. 실제 주소지와 전입자가 신고한 주소지에 약간의 차이만 있어도 전입세대열람내역서에 나오지 않을 수 있기 때문입니다."

tip

일반적으로 전입신고를 할 때는 등기부 주소지로 전입신고를 하는데, 기재사항이 약간만 달라도 전입세대열람 시 나오지 않는 경우가 있다. 주소지가 확실히 차이가 나면 전입신고자의 전입일의 효력을 인정받을 수 없게 된다. 하지만 예를 들어 '행복동 해피 빌라 2층 201호'처럼 등기부상에 기재된 대로 전입세대열람 신청서를 작성했는데도 전입자가 없는 걸로 나오는 경우도 있었다. 전입자가 '2층'이라는 단어를 빼고 '행복동 해피 빌라 201호'로 전입신고를 했기 때문이었다. 따라서 전입세대열람 시 법원에 신고되어 있는 전입자가 나오지 않는다면, 여러 가지 방식으로 재열람을 해보는 것이 좋다. 아무리 해도 법원에 신고된 전입자가 열람 시 나오지 않는다면 해당 부동산에 가서 직접 전입자를 만나서 상황을 물어보는 것이 가장 확실한 방법이다.

••• 건물 구석구석을 살펴보라

❶ 같은 라인의 위층 혹은 아래층 집 탐문하기

"전입세대열람을 했다면 해당 부동산에 가서 건물을 꼼꼼히 살펴보아야 합니다. 건물이 어느 정도 노후됐는지, 부서진 곳은 없는지, 옆집과 많이 붙어 있어 창문을 열기 힘들진 않은지, 층간 소음은 어느 정도인지, 외벽과 지붕에 물이 새지는 않는지 등 꼼꼼히 살펴볼 필요가 있습니다."

"그런데 가장 궁금한 건 해당 호수의 내부잖아요. 무엇보다 중요하기도 하고요. 어떻게 하면 내부를 볼 수 있을까요?"

지혜가 조금 전부터 계속 궁금했던 사항에 대해 질문했다.

"부동산의 내부를 쉽게 살펴볼 수 없다는 것이 부동산경매의 가장 큰 단점 중 하나입니다. 간혹 경매가 진행되고 있는 집에 사는 점유자라고 해도 어서 빨리 누군가가 경매로 그 집을 낙찰받길 바라는 경우가 있긴 해요. 이럴 경우에는 조사하러 온 사람들에게 쉽게 문을 열어주고 내부를 살펴보게 하고 건물 상태에 대해서도 자세히 설명해줍니다. 그러나 이처럼 경매로 나온 부동산에 방문해서 내부를 살펴볼 수 있는 경우는 그리 많지 않습니다. 만약 해당 호수에 아무도 살고 있지 않거나 문을 열어주지 않는다면, 같은 라인의 위층이나 아래층 집을 찾아 문의하는 것도 방법입니다. 혹 이것도 여의치가 않다면 다른 호수에 방문해 내부를 살펴보고 건물에 문제가 없는지 물어보세요. 같은 라인의 위층이나 아래층은 대개 내부구조가 같고 인테리어가 비슷할 수 있으며 혹여 건물에 문제가 있어 공사를 했을 경우 정보가 공유됐을 가능성이 큽니다. 햇빛이 잘 드는지 통풍이 잘 되는지도 같은 라인의 집이라면 확인해볼 수 있지요."

tip

해당 물건을 조사하기 위해 아파트 공동 현관문에 허락 없이 들어갈 경우, 무단침입죄로 처벌받을 수도 있다. 반드시 해당 주민에게 협조를 구한 뒤 건물 내부를 둘러보는 것이 좋다.

"인기 있는 물건일 경우엔 방문하는 사람이 많을 겁니다. 따라서 방문을 자제하는 것이 좋습니다. 점유자 입장에서 생각해보세요. 매일 누군가가 찾아와 벨을 누른다면 정말 불쾌하겠죠. 경우에 따라 해당 부동산에 방문하지 않고 이웃을 탐문하는 것이 좋을 때도 있습니다. 경험이 쌓이다 보면 자연스럽게 알게 되는 부분도 많을 거예요. 특히 등기부 권리 내용과 임차인에 대한 분석을 제대로 하면 어느 정도 판단이 서기 때문에 이에 대한 공부를 철저히 하세요."

❷ 빈집 여부 확인하기

"현장조사 시 해당 물건이 비어 있는 집인지 아닌지를 확인하는 것도 매우 중요합니다. 사실 부동산경매에서 낙찰을 받은 후 부동산을 인도받기까지의 과정은 매우 힘듭니다. 특히 해당 물건이 아무도 살고 있지 않는 빈집일 경우 가장 힘들죠. 짐까지 모두 비우고 아무도 살고 있지 않다면 좋지만, 전입자나 점유자가 있는 것으로 법원에 신고되어 있는데 내부에 누가 살고 있는지 알 수 없거나 사람은 없는데 짐이 그대로 혹은 일부 남아 있을 때는 부동산을 인도받기까지 여러 절차를 거쳐야 하므로 많은 시간이 소요될 수 있습니다. 따라서 사람이 살고 있지 않은 것 같다면 내부에 짐 등이 어떻게 남아 있는지 확인하는 것이 좋습니다. 이는 이웃주민이나 관리소 혹은 경비실을 통해 알아볼 수 있고, 혹 다세대나 연립일 때는 건물의 반장이나 총무 혹은 이웃을 탐문하는 것도 방법입니다."

나 여사의 설명을 주의 깊게 듣고 있던 평범은 누군가로부터 들었던 이야기가 떠올랐다.

"여사님, 사람이 거주하고 있는지 아닌지 알려면 우편함을 보라고 하던 걸요? 오랜 기간 사람이 살지 않았다면 우편물이 쌓였을 거라고요. 특히 현관문에 전단지가 많이 붙어 있을 경우엔 그곳에 사람이 살고 있지 않을 가능성이 크다고 했어요. 근거 있는 이야기인가요?"

평범의 질문에 나경매 여사가 고개를 저었다.

"사람의 거주 여부를 우편물의 누적량으로만 판단할 순 없을 것 같아요. 특히 하루 이틀만 자리를 비워도 현관문에 각종 전단지가 붙을 수 있습니다. 빈집임을 암시하는 여러 증거 중 하나로 우편물이나 전단지를 참고할 수는 있겠지만 이것 하나만으로 빈집이라고 확신해서는 안 됩니다. 다만 오랜 시간이 지난 독촉고지서 정도는 빈집 가능성을 키울 수 있겠죠?"

❸ 건물 뒤편과 주차시설 확인하기

"현장조사 시 건물의 뒤편도 이상 여부를 확인하는 것이 좋습니다. 만약 아파트가 저층이라면 반드시 뒤편까지 확인해 산이나 절벽과 가깝지는 않은지 확인해야 합니다. 산과 가까이 있는 단지의 저층은 습기가 많이 찰 수 있고 결로가 생겨서 내부에 곰팡이가 심하게 발생할 수 있습니다. 또 절벽 등과 가까이 있다면 침식 가능성이 있으므로 이를 감안해야 합니다. 곰팡이가 심하게 피고 습기가 많은 건물은 임대나 매매가 어려울 수 있고, 따로 벽 공사를 해야 하거나 도배 비용이 더 들 수도 있겠죠. 또 하나 살펴야 할 것이 주차시설입니다. 만약 주차장이 없거나 주차시설이 충분하지 않다면 해당 부동산에 살고 있는 사람들이 어디에 주차를 하고 있는지 알아두는 것이 좋습니다. 지하 주차장이 있다면 관리가 어떻게 되고 있는지도 보세요. 건물 전체에 경매가 진행되고 있다면 주차장 관리가 제대로 되지 않았을 가능성이 큽니다. 이로 인해 나중에 추가 비용이 들 수도 있으니 유의하세요."

그저 현장에 나가 눈으로 물건을 보면 되는 정도라고 간단하게 생각했던 평범과 지혜는 건물 뒤편과 주차시설까지 살펴보라는 나 여사의 이야기에 조금 놀랐다. 지혜는 현장 체크리스트에 따로 메모를 하면서도 현장조사가 쉬운 일은 아니라는 생각이 들었다.

❹ 관리비 등의 공과금 연체 확인하기

"부동산경매로 부동산을 매입하는 가장 큰 이유는 무엇일까요?"

"그야, 저렴한 가격으로 부동산을 매수할 수 있기 때문 아닌가요?"

나경매 여사의 질문에 지혜가 재빠르게 대답했다.

"네, 그렇죠. 하지만 경매로 나온 부동산을 싸게 낙찰받는다고 해도 차후 수리비용이 과다하게 들거나 인수되는 연체 관리비가 상당하다면 수익률이 높지 않기에 성공적인 투자라고 볼 수 없을 겁니다. 그러니 입찰하기 전 아파트나 오피스텔, 상가인 경우 반드시 연체된 관리비 등은 없는지 확인하세요."

그런데 평범은 관리비 연체가 왜 큰 문제가 되는지 이해할 수가 없었다.

"관리비는 원래 살고 있던 사람이 내야 하는 것 아닌가요? 그런데 입찰자가 그것까지 조사해야 한다는 게 이해가 되지 않아요."

"좋은 질문이에요. 일반 거래일 경우 살다가 이사를 나가는 사람이 관리비를 모두 정산하죠. 하지만 경매일 경우 점유자가 관리비를 낼 형편이 안 되서 연체되는 경우가 많습니다. 따라서 점유자가 관리비를 정산하지 못한 경우 미납된 관리비 중 지난 3년 동안의 공용관리비에 한해서는 낙찰자가 인수해야 한답니다. 이렇게 연체된 관리비는 경우에 따라 상당한 금액이 될 수도 있으므로 반드시 입찰 전에 확인해야 하는 것이죠."

"'지난 3년'이라면 현재로부터 과거 3년을 이야기하는 거죠? 이 공용관리비에는 어떤 내역들이 포함되나요? 또 연체된 관리비 여부는 어디서 찾을 수 있죠?"

지혜가 궁금한 것들을 쉴 새 없이 쏟아냈다.

"연체기간은 따져보는 시점에서 지난 3년으로 생각하면 됩니다. 관리비 연체 여부는 관리소에 직접 방문하거나 전화로 연락해 물어보면 되고요. 해당 호수의 연체료에 대해서는 대부분 쉽게 알려주니까요. 단 문의할 때는 공용관리비 부분만인지 전용관리비까지 모두 포함된 금액인지 확인해봐야 합니다. 낙찰자가 인수해야 하는 연체된 관리비는 공용관리비에 한해서이지만 현실에서는 공용관리비 외의 관리비를 모두 납부하라고 하는 관리소도 있기 때문입니다. 물론 이럴 경우 서로 조율할 필요가 있겠죠. 대체적으로 관리비는 다음과 같습니다."

아파트 관리비

- 크게 공용관리비, 개별사용료, 장기수선 충당금 등으로 구성
- 공용관리비 : 일반관리비, 청소비, 경비비, 소독비, 승강기, 유지비, 설비유지비, 수선유지비, 위탁관리비, 수수료 등
- 개별사용료 : 급탕, 난방, 가스, 전기, 수도, 정화물, 생활폐기물 수수료 등

"여사님, 관리소가 따로 없는 빌라나 연립 같은 건물일 경우에는 어떻게 관리비를 알아볼 수 있을까요?"

열심히 키보드를 치던 평범이 물었다.

"다세대나 연립의 경우 보통 관리비는 복도나 현관 등의 청소비와 공용주차장이 있다면 주차장 관리비 등입니다. 이 경우도 호수별로 1/n로 책정되기도 하고 관리비 자체가 없는 곳도 있습니다. 만약 관리비를 받는 경우라면 일반적으로 반장이나 총무를 맡은 호수가 있을 테니 그곳에 방문해서 물어보세요. 또 해당 호수의 연체된 도시가스비나 수도세 등의 연체는 해당 지역 도시가스 회사나 수도사업소에 전화해서 알아보면 됩니다."

❺ 포함된 옵션과 도시가스 사용 여부 확인하기

"그 밖에 알아두면 좋은 건 옵션포함 여부입니다. 빌라나 오피스텔 그리고 아파트의 경우 옵션으로 냉장고, 에어컨, 세탁기, 김치냉장고 등이 포함되어 분양됐을 수 있습니다. 여기에 해당한다면 낙찰받은 후 옵션으로 설치된 것들도 낙찰자의 소유가 되므로 점유자로부터 부동산을 인도받을 때 옵션사항을 확인해야겠죠. 또 경기도 지역을 비롯한 지방에는 도시가스 대신 LPG를 사용하는 곳도 있고, LPG에서 도시가스로 전환하고 있는 지역도 있으니 확인해야 합니다. 전환하는 경우 좋은 호재이기도 하지만, 추가 비용이 들 수 있다는 걸 명심하세요."

이어지는 나경매 여사의 설명을 들으며 평범과 지혜는 열심히 메모했다.

••• 부동산 중개인을 만나라

"현장에서 해당 부동산에 대한 조사를 마쳤다면, 그다음으로 해야 할 것은 부동산 중개소에 방문해서 부동산 시세를 조사하는 겁니다. 이미 사전조사를 통해 대략적인 시세는 알고 있겠지만, 해당 물건이 경사가 높은 지대에 있거나 들어가는 골목이 좁고, 주차장이 없거나 주변 기피시설과 가깝거나 하면 상황이 달라질 수 있겠죠. 또 같은 단지에 있더라도 동의 위치나 향에 따라서 개별 부동산마다 가격이 다를 수 있으므로 반드시 인근 부동산 중개소에 들러 해당 물건에 대해 물어보는 게 좋습니다. 앞에서 이야기했듯 부동산 중개소 탐문 조사 시 답변을 잘 해주지 않는 곳도 있지만, 경매로 나온 부동산 때문에 왔다고 정중하게 양해를 구하고 물어본다면 오히려 그 지역의 개발호재나 해당 부동산의 특징 등에 대해 자세히 설명해주는 곳도 있습니다."

"여사님, 만약 부동산 중개소 탐문이 제대로 되지 않았을 경우 따로 알아볼 수 있는 방법은 없나요?"

휴일이나 일요일에는 중개소가 열지 않기 때문에 한 질문이었다.

"부동산 중개소가 아니라면, 해당 부동산에 거주하고 있는 사람들에게 월세가격이나 전세가격 등을 물어서 참조할 수 있겠죠. 간혹 해당 부동산의 시세를 알 수 없다고 하는 중개소도 있는데요. 이러한 경우에는 다른 부동산의 시세를 조사해 유추해보는 것도 방법이에요. 먼저 역세권에 위치한 부동산의 가격을 조사하고 구 건물과 신 건물, 평

수를 구분하여 조사한 후 해당 부동산에 대한 시세를 유추해보는 것이
죠."

나경매 여사의 해당 부동산에 대해 조사할 사항에 대한 강의를 들으
며, 평범은 이는 부동산경매뿐 아니라 일반 매매 방식으로 부동산을
구입할 때도 도움이 되겠다는 생각이 들었다. '공부란 평생 살아가면
서 해야 한다'는 말을 더욱 실감할 수 있었다.

"이번 주 과제는 현장조사입니다. 두 분이 직접 현장에 나가보고 각
부동산의 특징을 살펴보세요. 오늘 강의는 여기까지입니다."

부동산경매 돋보기

★ 알아두면 유용한 지목들

- 대 : 대개 건물의 부지를 말한다. 영구적 건축물 중 주거·사무실·점포와 박물관·미술관 같은 문화시설과 이에 접속된 정원 및 부속시설물의 부지
- 전 : 일반적으로 밭으로 사용되는 토지를 말한다. 물을 상시적으로 이용하지 않고 곡물·원예작물·약초·뽕나무·닥나무·묘목·관상수 등의 식물을 주로 재배하는 토지와 식용을 위하여 죽순을 재배하는 토지
- 답 : 일반적으로 논으로 사용되는 토지를 말한다. 물을 상시적으로 직접 이용하여 벼·미나리·왕골 등의 식물을 주로 재배하는 토지
- 잡종지 : 여러 용도로 사용될 수 있는 토지를 말한다. 갈대밭, 실외에 물건을 쌓아두는 곳, 돌을 캐내는 곳, 흙을 파내는 곳, 야외시장, 비행장, 공동우물이나 영구적 건축물 중 변전소, 송신소, 수신소, 송유시설, 도축장, 자동차운전학원, 쓰레기 및 오물처리장 등으로 사용되는 부지 또는 다른 어떤 지목에도 속하지 않는 토지
- 임야 : 산과 들로 이용되고 있는 토지를 말한다. 산림 및 원야(原野)를 이루고 있는 수림지·죽림지·암석지·자갈땅·모래땅·습지·황무지 등의 토지

★ 용도지역 구분

용도지역이란 토지를 효율적으로 이용하기 위해 서로 중복되지 않게 도시관리계획으로 결정하여 구분한 지역을 말한다. 도시지역, 관리지역, 농림지역, 자연환경보전지역으로 나뉜다.

- 도시지역 : 인구와 산업이 밀집되어 있거나 밀집이 예상되어 그 지역에 대하여 체계적인 개발 · 정비 · 관리 · 보전 등이 필요한 지역을 말한다. 주거지역*, 상업지역*, 공업지역*, 녹지지역*으로 나뉜다.

- 관리지역 : 도시지역의 인구와 산업을 수용하기 위해 도시지역에 준하여 체계적으로 관리하거나 농림업의 진흥과 자연환경 또는 산림의 보전을 위하여 농림지역 또는 자연환경보전지역에 준하여 관리가 필요한 지역을 말한다. 보전관리지역, 생산관리지역, 계획관리지역*으로 나뉜다.

주거지역 : 도시지역 중 한 지역으로 주거생활 환경을 위해 관리가 필요해 지정된 지역

상업지역 : 도시지역 중 한 지역으로 상업에 편익을 증진시키기 위해 지정된 지역

공업지역 : 공업의 편익을 증진시키기 위해 지정된 지역으로 도시지역에서 세분된 지역 중 한 지역

녹지지역 : 도시지역에서 세분된 한 지역으로 녹지의 보전을 위해 지정된 지역

계획관리지역 : 도시지역으로 편입이 예상되는 지역이나 자연환경을 보전하기 위해 관리가 필요한 지역

• 농림지역 : 도시지역에 속하
지 않는 「농지법」에 따른 농
업진흥지역* 또는 산지관리
법*에 따른 보전산지* 등으
로서 농림업을 진흥시키고
산림을 보전하기 위하여 필
요한 지역을 말한다.

> 농업진흥지역 : 농업을 진흥하기 위
> 할 목적으로 구분된 지역
> 산지관리법 : 산지를 합리적으로 보
> 전하고 이용하기 위해 만들어진 법률
> 보전산지 : 산림의 조성과 보전을 위
> 해 산지관리법에 의해 지정된 산지

• 자연환경보전지역 : 자연환경 · 수자원 · 해안 · 생태계 · 상수원 및
문화재의 보전과 수산자원의 보호 · 육성 등을 위하여 필요한 지
역을 말한다.

★ 주거지역 분류

도시지역의 경우 주거지역, 상업지역, 공업지역, 녹지지역으로 나뉘
고, 주거지역은 거주의 안정과 건전한 생활환경의 보호를 위해 필요
한 지역으로서 전용주거지역, 일반주거지역, 준주거지역으로 나뉜다.

• 전용주거지역 : 양호한 주거환경을 보호하기 위해 필요한 지역을
말한다. 단독주택 중심의 양호한 주거환경 보호를 위한 제1종 주
거지역과 공동주택 중심의 양호한 주거환경 보호를 위한 제2종
주거지역으로 나뉜다.

- 일반주거지역 : 편리한 주거환경을 조성하기 위해 필요한 지역을 말한다. 저층주택을 중심으로 편리한 주거환경 조성을 위한 제1종 일반주거지역과 중층주택을 중심으로 편리한 주거환경 조성을 위한 제2종 일반주거지역, 중·고층주택을 중심으로 편리한 주거환경 조성을 위한 제3종 일반주거지역으로 나뉜다.
- 준주거지역 : 주거지역 중 하나로 주거 기능을 갖지만 주로 상업적 성격이 강한 지역 혹은 상업적 기능의 보완이 필요한 지역을 말한다.

참조_ 《독학 경매 2》(박수진 저, 다산북스)

Chapter 4 ·····································

평범과 지혜는 여러 가지를 계산해보고 상상하면서 최종 선택한 물건에 입찰하기로 결정했다. 막상 입찰할 생각을 하니 가슴이 뛰고 막연하게만 생각했던 부동산경매를 실제 하게 되었다는 것이 믿어지지 않았다.

이제
입찰
해볼까?

"올바른 방향으로 계속 나아간다면
추구하던 목표를 이루는 것은 물론이고
그것보다 더 큰 것을 얻게 될 것이다."

앤서니 라빈스Anthony Robbins의 《네 안에 잠든 거인을 깨워라》 중

01

최종 선택을
위하여

평범과 지혜는 나경매 여사가 가르쳐준 방식대로 임장을 시작했다. 맨 처음 찾아간 곳은 후보 물건 1이 위치한 정릉동이었다. 둘의 직장까지의 거리를 고려해 결정한 지역이었기에 평범은 내심 이 빌라를 낙찰받았으면 좋겠다고 생각했다. 해당 빌라는 겉으로 보기에는 마음에 쏙 들 정도로 좋았다. 그러나 사전조사를 통해 이 빌라가 무단증축이 이루어진 위빈건축물이라는 사실을 알고 나니 외형상 좋아 보이는 건물이라고 해도 실제로는 아주 위험한 건물일 수도 있겠다는 걸 알게 되었다.

둘은 부동산 중개소에 찾아가 시세조사를 하는 것도 잊지 않았다. 조사를 하면서 바로 옆 길음 뉴타운 개발로 인해 인근 전·월세 매물이 많이 부족하다는 이야기를 들었다. 따라서 중개인은 매매는 몰라도 임대는 잘 이뤄진다고 했다.

물건 1

				구분	입찰기일	최저매각가격	결과
\multicolumn{4}{c}{2014타경 338XX(5) 서울특별시 성북구 정릉동 2XX-2X 외 1필지, 이X맨션, 4층 4XX호}	1차	2015.07.02.	195,000,000원	유찰

2014타경 338XX(5)
서울특별시 성북구 정릉동 2XX-2X 외 1필지, 이X맨션, 4층 4XX호

물건 용도	다세대 (빌라)	감정가	195,000,000원	구분	입찰기일	최저매각가격	결과
				1차	2015.07.02.	195,000,000원	유찰
토지 및 대지권	34.346㎡ (10.39평)	최저가	79,872,000원 (41%)	2차	2015.08.06.	156,000,000원	유찰
					2015.09.03.	124,800,000원	변경
건물 면적	60.07㎡ (18.171 평)	보증금	7,990,000원 (10%)	3차	2015.10.15.	124,800,000원	유찰
				4차	2015.11.19.	99,840,000원	유찰
				5차	2015.12.24.	79,872,000원	진행
매각 물건	토지 건물 일괄 매각	소유자	조XX				
개시 결정	2014.10.07.	채무자	조XX				
사건명	강제경매	채권자	윤XX				

해당 부동산을 찾아, 벨을 눌러 보았다. 일요일 저녁이라 사람이 있었다. 뜻밖에 문을 흔쾌히 열어준 임차인은 생활하는 데는 불편한 게 없다고 하면서, 집안 내부를 둘러볼 수 있게 해주었다. 그는 입찰하려는 사람이 없을 것 같아 본인이 입찰하려고 한다고 했다. 경매 문제로 더 이상 스트레스를 받고 싶지 않다고도 했다. 그의 이야기를 들으며 평범과 지혜는 임차인이 직접 낙찰을 받아 생활하면서 건물의 문제를 해결해나가는 것이 가장 좋을 것 같다는 생각이 들었다. 특히 대항력이 있는 임차인이 있는 데다 위반건축물이어서 대출받는 것도 어려운 상황이라 잔금을 치르는 것이 부담이 되었다.

임차인에게 당해세가 얼마 정도 밀려 있는지 묻자 그는 법원에서 확인했을 때 압류금액이 150만 원 정도였고 그중 당해세에 해당하는 금액은 10여만 원 정도였다고 했다. 자신이 살고 있는 집이 경매로 넘어가자 임차인도 나름 경매 공부를 많이 한 것 같았다.

미리 공부하지 않았다면 물어볼 생각도 못 했을 내용이었고 대답을 들어도 무슨 말인지 이해하지 못했을 것이었다. 아는 만큼 보인다는 말을 실감하면서 두 사람은 2번 물건지로 발걸음을 옮겼다.

● ● ● 소형아파트 현장조사

물건 2

2015타경 199XX
서울특별시 성북구 석관동 1X, 행복 아파트 10X동 10층 100X호
(새주소)서울특별시 성북구 화랑로 XX길 16, 행복 아파트 10X동 10층 100X호

물건 용도	아파트	감정가	260,000,000원	구분	입찰기일	최저매각가격	결과
				1차	2015.12.08.	260,000,000원	유찰
토지 및 대지권	24.46㎡ (6.794평)	최저가	208,000,000원 (80%)	2차	2016.01.12.	208,000,000원	진행
건물 면적	54.55㎡ (16.501평)	보증금	20,800,000원				
매각 물건	토지 건물 일괄 매각	소유자	주XX				
개시 결정	2015.08.20.	채무자	주XX				
사건명	임의경매	채권자	조은은행				

2번 물건은 소형아파트로서 두 사람이 가장 관심을 갖고 있는 물건이기도 했다. 평범과 지혜는 일단 현장에 나가 나경매 여사가 일러준 대로 편의시설 및 학교 등 주변 환경부터 살폈다. 아파트 단지 가까운 곳에 각종 편의시설이 있었고 학교도 가까워 아이들이 등하교 시 불편한 점도 없어 보였다. 특히 전철역이 도보로 2분 거리에 있었으며, 지방에 가야 할 때 서울을 벗어나 고속도로에 진입하기에도 편리한 위치에 있었다. 단점이라면 1호선과 6호선이 만나는 전철역 주변이었기에 전동차의 운행 소음이 있다는 것이었는데, 아파트 단지 내에서는 그렇게 크게 느껴지지 않아 그나마 다행이었다.

　둘은 아파트 단지 내의 부동산 중개소에 들렀다. 지혜가 경매물건 때문에 왔다며 시세를 물으니 중개소 사장이 친절하게 설명을 해주었다. 걱정과 달리 직접 부딪혀보니 그렇게 어려운 일은 아니었다. 해당 물건의 시세는 그들이 국토교통부에서 조사한 실거래가와 같았다. 감정가 2억 6,000만 원에서 1,000만 원 정도 오른 2억 7,000만 원대에 거래되고 있었고, 2억 6,000만 원에 나온 급매물건도 있다고 했다. 전세가격은 2억 1,000만~2억 2,000만 원선이었다. 이 역시 사전조사 결과와 같았다. 혹여 부동산 중개인이 경매로 입찰하는 사람에게는 시세를 대충 이야기해주지 않을까 걱정했던 건 기우였다.

　다만 중개인은 소형아파트 가격은 이미 많이 오른 상태인 데다 지은 지 오래된 아파트이기에 앞으로도 계속 가격이 오를 수 있을지는 의문이라며, 잘 판단하라고 몇 번이고 당부했다. 그의 이야기가 나름 일리가 있어서 평범과 지혜도 내심 걱정이 됐다. 거래가 잘 되는 데다 선호하는 평형대라서 1번 물건의 하자를 발견한 후부터는 2번 물건에 기대를 걸었기 때문이었다. 중개인은 이 정도 가격이면 인근 경기지역의 신축 아파트를 구입할 수 있는 가격이라고 했다. 무엇보다 입찰경쟁률도 높아 거의 급매가격보다 높은 수준으로 낙찰될 가능성이 있으며, 거기에 명도*비와 각종 비용을 들여서 낙찰받을 때 실익이 있을지 잘 따져보고 입찰하는 게 좋을 거라는 조언도 덧

명도 : 건물이나 토지 등을 내어줌 혹은 내어주는 행위

붙였다. 심지어 급매가격으로 입찰가격을 쓸 거면 좋은 급매물을 보여주겠다고까지 했다. 평범과 지혜 역시 급매가격보다 높게 입찰가를 쓸 거라면 차라리 급매로 사는 편이 낫겠다는 생각이 들었다. 둘은 친절한 중개소 사장에게 고맙다는 인사를 한 뒤 해당 아파트 조사를 위해 자리에서 일어났다.

물건지에 도착하기 전 주민센터에 들러 전입세대열람을 했다. 임차인으로 법원에 신고되어 있던 사람이 그대로 전입되어 있었다. 또 해당 호수에 밀린 관리비가 없는지 확인하기 위해 관리사무소에 들렀다. 경매로 나온 호수의 밀린 관리비가 있는지 확인하러 왔다고 하자 직원이 친절하게 알려주었다.

"체납된 관리비는 없습니다."

"관리비를 내는 명의자는 누구로 되어 있나요?"

평범의 질문에 직원은 얼굴을 굳히며 대답했다.

"그런 것은 가르쳐드릴 수 없습니다."

직원의 차가운 답변에 평범은 아직 자신이 임장요령을 제대로 갖추지 못했다는 사실에 머쓱해졌다.

관리소에서 나와 아파트를 찾은 그들은 해당 호수와 이웃집의 벨을 눌러봤지만, 그들에게 문을 열어주는 곳은 한 곳도 없었다. 시세 외에는 더 이상 알아볼 수 있는 것이 없었다. 그들은 화단 근처 벤치에 앉았다.

"어떻게 생각해?"

평범은 손으로 다리를 주무르고 있는 지혜에게 물었다.

"글쎄, 딱히 어려운 권리가 있는 것도 아니고 임차인이 가장 임차인이라고 하더라도 어차피 집을 비워주어야 하니까 그런 것은 걱정이 안돼. 하지만 아까 부동산 중개인이 이야기한 것처럼 매매가격이 오를 만큼 올랐다는 게 문제가 아닐까? 혹여 나중에 아이가 커서 넓은 집으로 이사를 가야 한다면 적어도 산 가격보다는 더 높은 가격에 팔아야 하는데, 그렇게 할 수 있을지 확신할 수가 없잖아."

미래의 아내가 될 지혜의 이야기에 평범도 수긍할 수 있었다. 하지만 그들이 고른 물건 중 3번 물건은 다소 부담이 되는 가격대였다. 건물 면적도 중대형이라 신혼집으로서 좀 과한 것 같기도 했다. 평범은 결국 물건을 다시 골라야 하는 게 아닐까 잠시 생각했다. 그래도 이왕 현장조사를 하러 왔으니 마지막 물건까지 일단 보자는 생각에 그들은 벤치에서 일어나 발걸음을 옮겼다.

● ● ● 중대형아파트 현장조사

물건 3

2015타경 298XX 서울특별시 성북구 해피동 XX2, 소망 아파트 107동 1층 101호				구분	입찰기일	최저매각가격	결과
물건 용도	아파트	감정가	550,000,000원	1차	2015.11.08.	550,000,000원	유찰
토지 및 대지권	53.01㎡ (16.04평)	최저가	352,000,000원 (64%)	2차	2015.12.10.	440,000,000원	유찰
				3차	2016.01.12.	352,000,000원	유찰
건물 면적	132.96㎡ (40.22평)	보증금	35,200,000원 (10%)				
매각 물건	토지 건물 일괄 매각	소유자	김XX				
개시 결정	2015.07.10.	채무자	홍XX				
사건명	임의경매	채권자	한국스탠드은행				

　3번 물건은 감정가가 5억 원이 넘는데 두 번 유찰이 되어서 현재 가격이 감정가의 64%선이 되었다. 감정가와 최저가 차이가 대략 2억 원이 나는 셈이었다. 중대형아파트 가격은 크게 오르지 않고 있다는 기사와 달리 이 물건은 현재 5억 2,000만 원 정도로 조금씩 거래되고 있었다. 사람들이 큰 관심을 두고 있지 않은 터라 최저가에서 조금만 더해 낙찰을 받으면, 바로 시세차익을 볼 수도 있겠다는 생각이 평범의 머리를 스치고 지나갔다. 하지만 바로 매도가 되지 않을 경우 신혼집으로 삼아야 하는데, 그것이 가능할지는 쉽게 판단할 수 없었다. 이러저런 생각을 하는 사이 물건지에 도착했다.

지은 지 오래된 아파트임에도 불구하고 무척 관리가 잘되어 있다는 것이 첫인상이었다. 거주에 불편함도 없어보였으며 그곳에 사는 사람들의 표정 또한 밝았다. 근처에 공원이 있어서 녹지비율도 높았고, 교통도 편하고 주변 편의시설도 잘 갖춰줘 있었다. 관리사무소에서 해당 물건에 대해 문의한 결과 연체된 관리비도 없었다. 부동산 중개소에 들러 시세를 조사해보니 사전조사 결과와 마찬가지로 급매가격이 5억 2,000만 원이었고, 전세 4억 2,000만 원, 월세는 보증금 1억 5,000만 원에 월 200만 원 정도였다. 중개소 사장은 5억 1,000만 원에 급매로 내놓으면 요즘도 금방 매도된다고 했다. 중대형아파트는 거래가 잘 안 된다고 들었던 평범과 지혜는 깜짝 놀랐다. 결국 지역과 아파트 단지에 따라 예외적일 수 있었고, 이 지역의 경우 수요가 풍부하다는 사실을 알게 되었다. 중개인은 이 아파트 단지에 거주하는 주민들은 웬만하면 이곳을 떠나려고 하지 않는다는 이야기도 덧붙였다. 길에서 만난 몇몇 주민들에게서도 이와 같은 사실을 확인할 수 있었다. 집을 내놓는 사람이 별로 없기에 거래가 활발하지 않은 것뿐이었다. 신문이나 방송에서 나오는 기사를 맹목적으로 받아들일 것이 아니라 직접 현장에서 답을 찾아야겠구나 하는 생각을 하며, 둘은 해당 아파트로 향했다.

아파트는 1층이었다. 저층일 경우 햇빛이 잘 들고 통풍이 잘 되는지, 건물이 산과 너무 붙어 있지는 않은지 잘 살펴보아야 한다고 했던 나 여사의 이야기가 떠올랐다. 건물 뒤편을 살펴보니 아파트 단지 야외 주차장이었다. 둘은 해당 호수의 위층 집 주인에게 양해를 구해 내부를 둘러볼 수 있었다. 거실과 방까지 햇빛이 잘 들어왔고 통풍도 잘 되는 것 같았다. 윗집 주인은 아랫집도 그럴 거라고 했다. 구조 역시 평면도로 확인했던 것처럼 사용에 불편함이 없게 배치되어 있었다.

임장 체크리스트에 나온 순서대로 모든 조사를 마친 뒤, 그들은 아파트 공원 옆 벤치에 앉아 서로의 의견을 나눴다. 지혜는 공간 구조를 보니 여기서 공부방을 해도 괜찮겠다는 생각이 들었다고 했다. 단지 내에 중·고등학생들이 많으니 자신의 특기를 살려 영어 공부방을 연다면 아이를 키우며 일도 할 수 있으니 좋겠다는 것이었다. 계획대로 되지 않을 경우 급매로 팔고, 낙찰받아 직접 들어가야 한다면 신혼집과 공부방을 분리해서 활용하는 것도 방법일 것 같다고 했다. 평범도 그녀의 말에 전적으로 동감했으나 당장 잔금을 어떻게 치를 수 있을지 난감했다. 그들은 머리를 맞대고 계산해봤다.

희망 입찰가(낙찰가) : 4억 4,000만 원
취득세* 및 기타 예상 비용 : 약 1,000만 원
총 필요 금액 : 4억 5,000만 원
낙찰가 대비 대출 가능 금액 : 3억 5,200만 원(4억 4,000만 원×대출 80%)
대출 이자 : 약 120만 원(3.4%)
필요한 금액 : 대략 1억+α
현재 평범의 전세금 : 7,000만 원   취득세 : 부동산이나 차량 등을 취
평범의 월급 : 250만 원   득하고 등록할 때 내는 조세
지혜의 월급 : 200만 원
지혜가 저축한 금액 : 2,000만 원(결혼 준비금)

이래저래 모은다고 해도 낙찰잔금을 내기엔 부족했다. 무엇보다 평범의 전세보증금을 바로 뺄 수 있을지 확실하지 않았다. 그들은 우선 받을 수 있는 대출을 알아보기로 했다. 평범은 한 은행에서 직장을 다니고 있을 경우, 80%가 아닌 90%까지 대출을 받을 수 있다는 이야기를 들었다. 대신 이자율은 3.8%로 조금 더 올라갔다. 그럴 경우 대출을 받을 수 있는 금액은 3억 9,600만 원. 이제 5,400만 원만 있으면 됐다. 평범은 일단 자신이 전세로 거주하는 집 근처 부동산 중개소에 전화를 했다. 전세를 내놓을 경우 언제쯤 나갈 수 있을지 문의한 결과 요즘은 찾는 사람이 많아서 금방 나갈 거라는 답변이 돌아왔다. 집주인에게 전화를 걸어 사정을 이야기한 결과 보증금을 돌려받는 데는 무리가 없을 것 같았다. 부동산을 인도받기 전까지 잠시 부모님 집에 살면서 통근하는 것이 쉽지는 않겠지만, 몇 달 정도라면 참을 수 있었다.

평범과 지혜는 이렇게 여러 가지를 계산해보고 상상하면서 3번 물건에 입찰하기로 결정했다. 평범은 실제로 입찰할 것을 생각하니 가슴이 뛰고 막연하게만 생각했던 부동산경매를 실제로 하게 되었다는 것이 믿어지지 않았다. 반드시 체크해야 할 서류를 몇 번이나 확인한 둘은 나경매 여사를 만나 입찰하는 방법에 대해 구체적으로 배우기로 했다.

입찰하는 날

"입찰을 하기 위해서 가장 먼저 준비해야 할 것은 '입찰보증금'입니다. 보증금은 일반적으로 부동산 최저가의 10%입니다. 두 분이 입찰하고자 하는 3번 물건의 경우 최저가가 3억 5,200만 원이므로 그의 10%인 3,520만 원이 입찰보증금으로 필요하겠지요. 입찰보증금은 경매정보 사이트에서 확인할 수 있지만 입찰하기 전 대법원법원경매 사이트에서 한 번 더 확인하는 것이 좋습니다."

나경매 여사는 평범과 지혜가 선택한 3번 물건에 입찰하기 전 반드시 유의해야 할 사항들을 짚어줬다.

"입찰보증금액에서 단 1원이라도 부족하면 아무리 최고가로 입찰가를 썼다고 해도 입찰이 무효가 됩니다. 반대로 입찰보증금액을 초과하는 금액을 제출한 경우엔 무효가 되지 않고 낙찰 시 입찰보증금액을 제외한 나머지 금액을 돌려받게 됩니다. 간혹 입찰보증금이 최저가의 20%, 혹은 30%인 경우가 있는데요. 이는 재매각으로 경매가 진행되는 경우입니다. 이미 낙찰이 됐으나 낙찰자가 여러 가지 이유로 대금을 납부하지 못할 경우 다시 경매가 진행되는데 이를 재경매 혹은 재매각이라고 하죠. 이때는 법원이 입찰보증금을 정하는데, 대개 20%이고, 30%인 경우도 간혹 있습니다. 또 드물긴 하지만 10%로 진행되는 경우도 있고요. 이처럼 입찰보증금의 비율은 상황에 따라 달라질 수 있으니 입찰 전에 반드시 확인하세요."

"항상 똑같이 10%인 것은 아니군요. 몰랐다면 실수할뻔했네요."

지혜가 노트에 필기를 하며 대답했다.

"입찰을 할 때는 기본적으로 좀 전에 이야기한 입찰보증금, 입찰표, 입찰보증금 봉투, 입찰 봉투가 필요합니다. 입찰보증금 봉투는 이렇게 생겼는데요, 여기에 정확한 입찰보증금을 넣으면 됩니다."

나경매 여사가 일반 편지봉투처럼 생긴 봉투를 보여주었다. 봉투에는 '매수신청보증봉투'라는 글귀가 적혀 있었다.

"여사님, 봉투가 너무 작아서 입찰보증금 전액이 다 들어가지 않을 것 같은데요?"

큰 액수의 경우 현금의 두께가 상당할 텐데, 어떻게 전액을 봉투에 다 넣을 수 있을까 싶을 정도로 봉투는 매우 얇았다.

"네, 그렇습니다. 입찰보증금액이 많을 경우 현금 전부를 봉투에 넣기 어려울 수 있습니다. 특히 5만 원권이 없던 예전에는 더욱 그랬지요. 따라서 되도록이면 수표로 제출하는 것이 좋아요."

●●● 입찰표 제대로 작성하는 법

"입찰표는 경매법원에서 받을 수 있는 건가요?"

어서 빨리 입찰을 하고 싶어 안달이 난 지혜가 물었다.

"입찰보증금 봉투와 입찰봉투는 법원에서 직접 받아야 해요. 입찰 전이라면 경매법원의 집행관* 사무실을 찾아 미리 받을 수 있는데, 일반적으로 는 입찰 당일 경매법정에 비치되어 있는

집행관 : 법원에서 재판의 집행이나 서류 등을 송달하는 일을 맡은 공무원

것을 사용하면 됩니다. 다만 입찰표는 처음 공부를 시작할 때 이야기 했던 것처럼 대법원 법원경매정보 사이트의 경매서식 페이지에서 다운받아 사용할 수 있어요. 다른 서식들도 거기에서 다운받아 편리하게 이용할 수 있답니다."

나경매 여사는 화이트보드를 앞으로 끌어오며 무언가를 적어내려 가기 시작했다.

"입찰표 작성법은 상황에 따라 대략 다섯 가지로 나뉩니다."

첫째, 본인이 직접 법원에 가서 입찰하는 경우
둘째, 본인 대신 대리인이 법원에 가서 입찰하는 경우
셋째, 두 명 이상이 공동입찰하는 경우
넷째, 두 명 이상이 공동입찰하고 그중 한 명이 대리인으로 입찰하는 경우
다섯째, 두 명 이상이 공동입찰하고 제3자가 대리인으로 입찰하는 경우

"이 중에서는 본인이 직접 입찰하는 경우가 가장 많습니다. 하지만 본인 대신 대리인이 법원에 가서 입찰하는 경우, 두 명 이상이 공동입찰하고 그중 한 명이 대리인으로 입찰하는 경우 입찰표를 어떻게 작성하면 되는지도 알아보도록 하겠습니다."

---

tip

입찰하는 법에 대해 더욱 쉽게 공부하고 싶다면 저자가 운영하는 부자파로스 카페(http://cafe.naver.com/bujapharos)에서 '입찰하는 방법(무료 동영상)'을 참고하라.

(앞면)

기 일 입 찰 표

지방법원 집행관 귀하   입찰기일 : 20XX 년 XX월 XX일

사건번호		2015 타 경 298XX 호		물건번호	※물건번호가 여러 개 있는 경우 꼭 기재	
입찰자	본인	성 명	김평범 (김평범)	전화번호	010-000-0001	
		주민(사업자)등록번호	850710_123456	법인등록번호		
		주 소	서울시 성북구 행복동 행복한 마을 302호			
	대리인	성 명		본인과의 관계		
		주민등록번호		전화번호	–	
		주 소				

입찰가격	천억	백억	십억	억	천만	백만	십만	만	천	백	십	일		보증금액	백억	십억	억	천만	백만	십만	만	천	백	십	일	
				4	4	0	1	1	0	0	0	0	원					3	5	2	0	0	0	0	0	원

보증의 제공방법	√ 현금·자기앞수표 □ 보증서	보증을 반환받았습니다. 입찰자

- 글자 색상은 눈에 띄게 하려고 빨간색으로 적었으나. 검은색 펜으로 쓰는 것이 좋다. 본인이 직접 입찰하는 경우에는 입찰표 앞 페이지만 작성하면 된다.
- (김평범) 도장 날인 표시다. 본인의 도장(막도장)으로 날인하면 된다.
- 주소지는 반드시 전입 주소지를 적어야 한다. 훗날 낙찰받게 되면 이 주소지로 법원의 우편물이 오고가게 된다. 만약 우편물을 받는 주소지를 바꾸고 싶다면 주소지 정정신고서를 작성해 법원에 제출해야 한다.

• 입찰가격 : 자신이 원하는 부동산 매수금액을 적는다. 몇 번이나 확인하는 것이 좋다. '0'이라는 숫자를 잘못 적으면 6,000만 원이 6억 원이 되고 1억 원이 10억 원이 된다. 실제로 4억 원을 적으려다가 '0' 하나를 더 붙여서 40억 원을 쓴 사람이 있었다. 단연코 최고가를 썼기에 낙찰받았으나 원하던 가격에서 36억 원이나 차이가 났다. 따라서 입찰가격을 쓸 때는 신중하고 또 신중해야 한다. 초보자인 경우, 대법원 법원경매정보 사이트에서 입찰표를 다운받아 집에서 신중하게 기입해보는 것이 좋다.

| 대리인이 직접 입찰하는 경우(윤지혜가 본인, 김평범이 대리인으로 입찰할 때) |

(앞면)

기 일 입 찰 표

지방법원 집행관 귀하   입찰기일 : 20XX 년 XX월 XX일

사건번호		2015타 경 298XX 호		물건번호	※물건번호가 여러 개 있는 경우 꼭 기재	
입찰자	본인	성 명	윤지혜 (윤지혜)	전화번호	010-000-0001	
		주민(사업자)등록번호	850820-213456	법인등록번호		
		주 소	서울시 성북구 사랑동 사랑마을 203호			
	대리인	성 명	김평범 (김평범)	본인과의 관계		
		주민등록번호	850710-123456	전화번호	010-000-0000	
		주 소	서울시 성북구 행복동 행복한 마을 302호			

입찰가격	천억	백억	십억	억	천만	백만	십만	만	천	백	십	일		보증금액	백억	십억	억	천만	백만	십만	만	천	백	십	일	
				4	4	0	1	1	0	0	0	0	원					3	5	2	0	0	0	0	0	원

보증의 제공방법	√ 현금 · 자기앞수표 □ 보증서	보증을 반환받았습니다. 입찰자

- 대리인이 입찰할 경우 단독으로 입찰할 때와 동일한 기일입찰표에 입찰하는 당사자와 대리인의 인적사항을 나눠서 기입해야 한다. 특히 입찰 당사자가 대리인에게 이 일을 위임했다는 것을 증명하기 위해서 뒷면의 위임장까지 반드시 작성해야 한다. 경매법원의 입찰표는 종이 한 장에 기일입찰표와 위임장이 앞뒤로 붙어 있지만, 대법원 법원경매정보 사이트에서 다운받으면 앞면과 뒷면이 따로 출력된다. 이러한 이유로 '앞면, 뒷면'이라는 표시가 있는 것이다.

- 입찰표를 제출하기 전, 자신이 이를 제대로 작성했는지 아닌지 확실하지 않아 불안하다면 법원입찰일(매각기일)에 자신이 작성한 내용을 법정의 집행사무관에게 확인을 받은 후 입찰봉투를 제출하는 것도 방법이다. 따라서 입찰에는 차분한 마음으로 임하는 것이 좋다.

- 입찰표를 모두 작성했다면 자신이 결정한 입찰보증금액을 다시 한 번 정확하게 확인한 후 입찰보증금 봉투에 넣는다. 그리고 입찰표와 입찰보증금 봉투를 누런 색상의 입찰봉투에 함께 넣는다. 단, 대리인이 입찰할 경우에는 반드시 입찰 당사자의 위임장과 인감증명서도 입찰봉투에 함께 넣어야 한다.

위 임 장

대리인	성 명	김평범	직업	회사원
	주민등록번호	850710-123456	전화번호	010-000-0001
	주 소	서울시 성북구 행복동 행복한 마을 302호		

위 사람을 대리인으로 정하고 다음 사항을 위임함.

다 음

지방법원   2015   타경   298XX   호 부동산

경매사건에 관한 입찰행위 일체

윤지혜 인감
도장으로 날인

본인 1	성 명	윤지혜 (인간인)	직업	영어강사
	주민등록번호	850820-213456	전화번호	010-000-0000
	주 소			
본인 2	성 명	(인간인)	직업	
	주민등록번호	-	전화번호	
	주 소			
본인 3	성 명	(인간인)	직업	
	주민등록번호	-	전화번호	
	주 소			

* 본인의 인감 증명서 첨부 | 반드시 함께 입찰봉투에 넣어야 함

* 본인이 법인인 경우에는 주민등록번호란에 사업자등록번호를 기재

| 공동으로 입찰하는 경우|

부부가 공동명의로 입찰을 하거나 여러 명이 공동으로 입찰을 할 경우에는 방법이 달라진다. 특히 부동산을 공동명의로 소유하고 싶다면 입찰할 때부터 공동입찰을 해야 한다. 만약 김평범과 윤지혜가 공동으로 입찰하는데, 김평범만 입찰하러 간다면 다음과 같이 하면 된다.

(앞면)

<table>
<tr><th colspan="14" style="text-align:center">기 일 입 찰 표</th></tr>
<tr><td colspan="6">지방법원 집행관 귀하</td><td colspan="8">입찰기일 : 20XX 년 XX월 XX일</td></tr>
<tr><td colspan="2">사 건
번 호</td><td colspan="4">2015 타 경 298XX 호</td><td>물건
번호</td><td colspan="7">※물건번호가 여러 개 있는 경우 꼭 기재</td></tr>
<tr><td rowspan="6">입

찰

자</td><td rowspan="3">본인</td><td>성 명</td><td colspan="3">※별첨 공동입찰자 목록 기재와 같음</td><td>전화
번호</td><td colspan="7"></td></tr>
<tr><td>주민(사업자)
등록번호</td><td colspan="3"></td><td>법인등록
번 호</td><td colspan="7"></td></tr>
<tr><td>주 소</td><td colspan="10"></td></tr>
<tr><td rowspan="3">대리인</td><td>성 명</td><td colspan="3">김평범 (김평범)</td><td>본인과의
관 계</td><td colspan="7">남자친구</td></tr>
<tr><td>주민등록
번 호</td><td colspan="3">850710_123456</td><td>전화번호</td><td colspan="7">010-000-0001</td></tr>
<tr><td>주 소</td><td colspan="11">서울시 성북구 행복동 행복한 마을 302호</td></tr>
</table>

입찰 가격	천 억	백 억	십 억	억	천 만	백 만	십 만	만	천	백	십	일		보증 금액	백 억	십 억	억	천 만	백 만	십 만	만	천	백	십	일	
				4	4	0	1	1	0	0	0	0	원				3	5	2	2	0	0	0	0	원

보증의 제공방법	√ 현금 · 자기앞수표 □ 보증서	보증을 반환받았습니다. 입찰자

- 이처럼 기일입찰표의 앞면을 작성하고, 뒷면에는 김평범이 대리인이 되는 방식의 위임장을 똑같이 작성하면 된다. 이 밖에 공동

입찰신고서와 공동입찰자 목록을 작성해야 하는데, 이 서류도 대법원 법원경매정보 사이트의 경매서식 페이지에서 다운받아 사용할 수 있으며, 당일 법정에서 수령하여 작성해도 된다.

공동입찰신고

×××법원 집행관 귀하

사건번호*   2015 타경 298×× 호
물건번호*
공동입찰자   별지 목록과 같음

위 사건에 관하여 공동입찰을 신고합니다.

20×× 년 ××월 ××일

신청인   김평범 외 1 인(별지 목록 기재와 같음)

1. 공동입찰을 할 때는 입찰표에 각자의 지분을 분명하게 표시해야 합니다.
2. 별지 공동입찰자 목록과 사이에 공동입찰자 전원이 간인*하십시오.

사건번호 : 법원에 접수된 사건마다 부여된 번호

물건번호 : 한 사건에 여러 개의 물건이 경매진행 된다면 각 물건마다 번호를 붙인다. 예를 들어 어떤 사람이 해피 오피스텔이라는 건물 세 개의 호수에 대해 경매를 신청했다면 먼저 하나의 사건번호가 부여되고 세 개의 호수별로 물건번호 (1), 물건번호 (2), 물건번호 (3)이라는 번호가 부여된다. 사건번호와 물건번호가 있다면 입찰자는 반드시 입찰표에 모두 기재해야 한다.

간인 : 공동입찰신고서와 공동입찰자 목록을 나란히 붙여서 거기에 공동입찰자들이 모두 도장을 찍는 것

공 동 입 찰 자 목 록				
번호	성명	주소		지분
		주민등록번호	전화번호	
1	김평범 (인)	서울시 성북구 행복동 행복한 마을 302호		1/2
		850710–123456	010–000–0001	
2	윤지혜 (인)	서울시 성북구 사랑동 사랑마을 203호		1/2
		850820–213456	010–000–0000	
3		–		

- 이렇게 입찰할 준비를 모두 마쳤다면, 입찰일(매각기일)에 입찰의 종결을 알리는 시간까지 집행관에게 입찰봉투를 제출하면 된다. 경매법원은 대개 오전 10시 혹은 10시 30분에 개장하고(오후 시간에 개장하는 경우도 있다), 입찰 종결은 오전 11시 혹은 11시 30분 사이이나, 해당 법원이 상황에 따라 개별적으로 정한다.

- 집행관은 입찰자가 제출한 입찰봉투와 신분증으로 본인 확인을 하고(대리인일 경우 대리인의 신분을 확인) 입찰봉투를 스테이플러로 찍어 봉한 후 입찰봉투에 붙어 있는 수취증을 떼어 입찰자에게 준다. 입찰자는 이 수취증을 잘 보관하고 있어야 한다.

- 입찰이 종결되면 제출된 많은 입찰 봉투가 사건별로 분류되고 정리되어 본격적으로 개찰*이 시작된다.

개찰 : 입찰봉투를 열어 입찰표를 확인한 후 최고가매수신고인을 정하는 것

●●● 법원에서 생긴 일

부동산경매 공부를 시작한 목표가 신혼집 마련이었기에, 평범과 지혜는 공동으로 입찰하기로 결정했다. 나경매 여사 역시 차후 세금 혜택을 위해서라도 공동명의로 하는 것이 좋다고 조언해주었다.

입찰 당일 강의가 있는 지혜를 대신해, 평범 혼자 법원에 가기로 했다. 그는 나경매 여사에게서 배운 대로 입찰표를 미리 작성하고 입찰보증금도 마련했다. 혹여 당일 법원에 늦게 도착해 입찰하지 못하는 불상사가 생긴다면 그동안 준비했던 모든 것이 물거품이 될 수 있기 때문이었다. 입찰 전날 밤, 평범은 두근거리는 마음을 진정시키며 챙겨야 할 것들이 적힌 목록을 몇 번이나 살피며 확인했다.

마침내 입찰 당일이 되었다. 아침 일찍 그는 인터넷등기소에서 다시 한 번 등기부를 열람했다. 그 사이 등기권리의 변동사항은 없었다. 평범은 작성해둔 입찰표와 입찰봉투, 입찰보증금, 위임장, 자신의 신분증과 도장, 윤지혜의 도장과 인감도장, 인감증명서와 그녀의 신분증을 한 번 더 확인한 뒤 이 모두를 가방에 넣었다.

평범은 중앙지방법원으로 가기 위해 교대 전철역에서 내렸다. 경매법정은 중앙지방법원 제4관에 위치하고 있어서 좀 더 걸어 들어가야 했다. 도착한 경매법원은 이미 많은 사람들로 북적였다. 잠시 머뭇거리는 사이, 그의 머릿속에 나경매 여사의 이야기가 떠올랐다.

"가끔 경매가 취소되거나 변경되는 경우도 있어요. 그러니 입찰 당일 법원에 도착하거든 바로 매각사건목록을 살펴보세요."

평범은 곧바로 법정 내부로 들어가 벽에 고지해놓은 매각사건(물건)목록을 살폈다. 평범이 입찰할 물건은 그대로 진행되는 것으로 기재되어 있었다.

오전 10시 30분쯤 되자, 집행관이 입찰 시 유의사항에 대해 설명을 시작했다. 그리고 입찰마감이 11시 10분임을 고지했다. 입찰이 개시되자 사람들이 줄을 서서 입찰표가 담긴 입찰봉투를 제출했다. 평범은 법정 내부에 설치된 컴퓨터에서 매각물건명세서 내용을 다시 한 번 확인했다. 매각물건명세서에도 별다른 변동사항이나 특이사항이 없었다.

매각물건명세서까지 확인한 평범은 입찰표와 입찰보증금 봉투, 공동입찰신고서와 공동입찰목록에 적은 내용을 다시 한 번 확인했다. 그리고 지혜의 인감증명서까지 살펴본 뒤 봉투에 모두 넣은 뒤 법정 앞으로 나가 집행관에게 입찰봉투를 내밀었다.

"신분증을 보여주세요."

집행관의 이야기에 평범은 자신의 신분증을 건넸다. 집행관은 입찰봉투에 붙어 있는 수취증에 번호 도장을 찍은 뒤 수취증을 찢어 그에게 내밀었다. 그리고 입찰봉투 입구를 스테이플러로 봉해서 다시 평범에게 주었다. 주위를 둘러보니 앞에 서 있던 남자가 집행관에게서 돌려받은 입찰봉투를 법정 한복판에 놓인 커다란 상자 안에 넣고 있었다. 평범도 그를 따라 자신의 입창봉투를 상자에 넣었다(집행관이 직접 상자에 넣는 경우도 있다). 그렇게 평범의 첫 입찰이 끝났다.

입찰이 마감되자 사무관들이 나와 입찰자들이 제출한 입찰봉투를 상자에서 꺼내 사건번호별로 분류했다. 분류가 모두 끝나자 곧이어 개찰이 시작됐다. 드디어 평범이 입찰한 물건의 개찰 순서가 되었다. 집행관이 말했다.

"2015타경-298××에 입찰한 사람들은 모두 앞으로 나오세요."

앞으로 나간 입찰자는 총 여섯 명이었다. "아무도 입찰하지 않으면 어쩌지?"라던 지혜의 말이 떠올라 평범은 피식 웃음이 나왔다.

"사건 번호 2015타경 298××에 입찰한 사람은 총 6명입니다. 4억 4,011만 원을 쓴 김평범 씨, 4억 2,750만 원을 쓴 김달래 씨……"

집행관이 입찰자들이 쓴 금액을 계속 읽어주었지만 평범에겐 그의 목소리가 더 이상 들리지 않았다. 가장 먼저 불린 것으로 봐서, 그와 지혜가 최고가를 쓴 것이었다. 앞에 있던 사무관이 그의 이름을 불렀다.

"사건번호 2015타경 298××에 최고가매수신고인* 김평범 씨 외 1명입니다. 대리인 김평범은 이쪽으로 나와주세요."

> 최고가매수신고인 : 입찰한 사람들 중 최고가로 입찰한 사람. 낙찰자라고도 한다

평범은 사무관이 손으로 가리킨 쪽으로 나갔다. 그는 평범에게 신분증을 보여달라고 했다. 그리고 종이 한쪽을 가리키며 도장을 찍으라고 했다. 엉겁결에 도장을 찍은 평범에게 사무관이 종이를 건넸다. 입찰보증금 영수증이었다.

입찰에서 떨어진 사람들은 사무관에게 수취증을 건네주고 제출했

던 입찰봉투를 다시 돌려받았다. 평범은 기쁘면서도 알 수 없이 떨리는 마음으로 법정을 나와 바로 지혜에게 전화를 걸었다.

"됐어! 우리가 낙찰받았어!"

지혜의 환호 소리가 들려왔다. 지혜와 함께 기쁨을 나눈 뒤 평범은 다시 나경매 여사에게 전화를 했다.

"축하해요, 평범 씨! 첫 입찰에 낙찰이라니 정말 일이 잘 풀렸네요."

"고맙습니다. 여사님. 모두 여사님 덕분이에요!"

처음으로 입찰했는데 운 좋게 낙찰까지 받게 되자 기분이 무척 좋았지만, 평범은 마냥 좋아하고만 있을 때는 아니라는 생각이 들었다. 부동산경매의 마지막 관문인 부동산 인도가 남아 있었기 때문이었다.

부동산경매 돋보기

★ 낙찰대금 이외에 필요한 비용

1. 취득세

경매로 부동산을 취득하면 취득세가 부과된다. 취득세는 부동산을 취득한 날로부터 60일 이내에 납부해야 한다. 부동산 취득세율은 면적과 금액 단위에 따라 다르며, 시기에 따라 취득세율도 달라질 수 있다. 금액별 취득세는 위텍스(www.wetax.go.kr)에서 확인할 수 있다.

부동산 취득세율

부동산 종류	면적		세율
9억 원 초과 주택	85 ㎡ 이하		3.3%
	85 ㎡ 초과		3.5%
9억 원 이하 6억 원 초과 주택	85 ㎡ 이하		2.2%
	85 ㎡ 초과		2.4%
6억 원 이하 주택	85 ㎡ 이하		1.1%
	85 ㎡ 초과		1.3%
주택 외 매매	4.6%		
증여	4%		
상속 원시 취득	3.2%		
농지	매매	상속	2.6%
		2년 이상 자경	1.6%
		신규	3.4%

2. 등기촉탁 비용

부동산을 낙찰받고 대금을 납부하면, 등기부에 등기되어 있던 권리들이 말소되고 낙찰자 명의로 소유권이 이전된다. 이때 비용이 소요되는데, 등기촉탁 비용은 등기신청수수료 및 등록면허세이다. 법무사에게 맡기면 법무비용과 함께 여러 가지 수수료가 더해지므로 추가 비용이 든다.

3. 법무비용

낙찰받은 후 등기촉탁 업무와 대출을 법무사에게 맡길 경우, 등기촉탁 비용, 근저당설정 비용과 함께 보수와 수수료를 포함한 법무비용을 지급해야 한다.

법무비용은 법원에 내는 각종 비용을 제외할 경우 대개 60만~100만 원이고 많아도 200만 원 내외이나, 금액 단위가 큰 부동산일 경우는 이보다 큰 비용이 들 수 있다.

4. 현관문 잠금장치(도어락) 교체비

부동산을 인도받은 후에는 현관문의 잠금장치를 교체하는 것이 일반적이다. 대략 10만 원에서 15만 원 정도의 비용이 든다.

5. 청소비

낙찰받은 집에 남은 짐이 별로 없다면 직접 청소를 해도 되지만 전

점유자가 버리고 간 짐이 많을 경우 전문 업체에 맡겨서 청소를 하게 된다. 10만 원 이상, 그 규모와 짐의 양에 따라 수십만 원의 비용이 들 수도 있다.

6. 부동산 중개수수료
낙찰받은 부동산을 임대나 매매로 부동산 중개소에 내놓을 경우, 따로 중개 수수료를 지급해야 한다.

7. 대출이자
부동산을 낙찰받기 위해 대출을 받았을 경우에는 부동산을 인도받고 매매가 되거나 임대가 나가기 전까지 나가야 하는 월 이자에 대한 비용을 고려해야 한다.

8. 명도비
부동산을 인도받는 데 드는 비용이다. 소유자나 임차인에게 이사비를 지급해야 할 수도 있고 부동산을 인도받지 못해 강제집행 등을 하게 될 때는 강제집행비용이 추가로 들 수 있음을 감안해야 한다. 이사비는 정해진 금액이 없다. 강제집행비용 대신 이사비 명목으로 지급하기도 하지만 상황에 따라 금액은 천차만별이다.

9. 체납관리비

점유자가 관리비를 내지 않았을 경우 집합건물의 공용관리비는 낙찰자가 인수한다. 체납관리비 중 3년분의 원금에 한해서만 인수하며 연체료는 포함되지 않는다.

10. 기타 수리비

경매로 낙찰받은 집이 오랫동안 관리가 되지 않았을 경우, 수리를 해야 하는 경우가 종종 생긴다. 대개는 보일러 수리 혹은 교체, 화장실, 싱크대, 샷시 교체 등이다. 보일러를 교체해야 할 경우 50만~80만 원 정도의 비용이 소요되며, 화장실 변기나 세면대 교체 시엔 많은 비용이 들지 않지만 싱크대와 샷시 등은 추가로 비용이 많이 나갈 수 있다. 이밖에 도배 및 장판 비용은 기본적인 수리비에 해당한다.

모든 짐이 나간 텅 빈 집은 생각보다 크고 넓었다. 그제야 평범은 안도의 한숨을 길게 내쉬었다. '아, 드디어 신혼집을 마련했다.'

세상에,
신혼집이
생겼다!

"부자가 되고 싶은가? 그것이 목표라면 돈을 벌 수 있는
효과적인 방법들을 배우는 것이 무엇보다
중요한 일이 된다."

이민규의 《1%만 바꿔도 인생이 달라진다》 중

01

낙찰 이후 남은
과제들

　나경매 여사를 만나러 스터디룸을 향하는 평범과 지혜의 발걸음은 이전과 달랐다. 넉넉하지 못한 부모님을 탓하며 지금 받는 월급만으로는 평생 모아도 집 한 채 마련하기 힘들겠다고 푸념하던 평범이었다. 아무것도 하지 않는 게 더 문제라는 지혜의 타박에 등 떠밀려 시작한 부동산경매 공부였지만 쉽지 않은 과정 끝에 부동산까지 낙찰받게 되니 모든 게 꿈만 같았다. 지혜 역시 마찬가지였다. 늦은 취업으로 모은 돈이 없는 남자친구에게 결혼을 재촉할 수도 없고, 이러다 결혼 적령기를 놓쳐버리는 건 아닌지 부모님의 걱정도 이만저만이 아니었다. 부동산경매 공부를 시작했을 때는 모든 게 생소하고 어려워서 이 짧은 기간에 목표를 이룰 수 있을지 확신이 서지 않아 갑갑했다. 그런데 결국 꿈속에서나 그려봤을 법한 멋진 집을 신혼집으로 마련하게 되었다니 모든 게 감사할 따름이었다.

스터디룸에 들어서자, 나경매 여사가 밝은 미소로 그들을 맞이했다. 지혜는 자신도 모르게 팔을 벌리고 달려가 나경매 여사의 품에 안겼다.

"여사님, 정말 감사해요! 이렇게 빨리 좋은 결과를 얻을 거라곤 생각도 못했는데! 모든 게 여사님 덕분이에요."

●●● 마지막 전쟁, 잔금납부

"평범 씨, 지혜 씨! 정말 축하해요! 이렇게 좋은 결과를 얻게 된 건 두 분이 스터디 기간 동안 제 이야기를 잘 들어주고 강의한 내용을 꼼꼼히 기억해서 실행한 덕분입니다. 낙찰받기까지 꽤 오랜 시간이 걸릴 수도 있는데, 여러모로 하늘이 도운 것 같아요."

평범과 지혜는 서로를 바라보며 환하게 웃었다.

"이제 부동산경매로 부동산을 낙찰받게 되었다면 이후 어떤 과정이 남았는지 알아봐야겠지요? 진행 순서는 다음과 같습니다."

낙찰 이후 진행 과정 ✎

1. 낙찰을 받는다.
2. 낙찰 후 대개 1주일 후, 매각허가결정을 받는다. 이 기간 내에 이해관계

인*들은 매각허가에 대한 이의를 제기할 수 있다(낙찰자도 이의신청을 할 수 있다). 이때 이의가 받아들여지면 불허가*가 된다. 매각불허가결정이 날 경우 낙찰자는 입찰보증금을 환급계좌로 돌려받게 된다.

3. 이의를 제기하는 사람이 없을 경우 매각허가결정이 나고 그로부터 일주일 후에 매각허가결정이 확정된 후 3~4일 이내에 잔금납부일이 정해진다. 일반적으로 잔금납부일은 한 달 이내다. 동시에 매각허가결정 일주일 이내에 이해관계인은 매각허가결정에 대해 즉시항고*할 수 있다. 그 항고가 받아들여지면 절차가 정지되므로 결과를 기다려야 하고, 항고하는 사람이 없으면 절차는 그대로 진행된다.

4. 낙찰자는 정해진 대금납부일까지 잔금을 납부한다.

5. 낙찰자가 소유권이전등기촉탁* 및 인도명령*신청을 한다.

6. 낙찰자가 잔금을 납부하면, 4주 이내에 배당기일이 정해진다.

7. 배당기일에 배당받을 임차인이나 채권자들이 배당을 받는다.

"예상은 했습니다만, 생각보다 많은 과정이 남아있네요!"

"어머, 평범 씨 벌써 지치면 안 돼요! 낙찰이 부동산경매의 아주 중요한 관문인 것은 맞지만, 남은 과제들을 해결해서 이 부동산을 내 집

으로 만들어야겠죠? 첫 번째 과제는 잔
금납부예요. 경락잔금대출*을 받아야
하는데 평범 씨, 제가 알려준 대로 했나
요?"

경락잔금대출 : 법원의 경매나 공매
로 부동산을 낙찰받을 경우, 부족한
잔금을 대출해주는 제도를 말한다.
일반적으로 아파트, 다세대, 오피스
텔 등은 70~80%대로 잔금대출을
받을 수 있다.

"그럼요. 법원에 가면 대출과 관련해
사람들이 주는 명함을 잘 받아오라고 하셨죠? 이렇게 받아왔답니다."

평범이 지갑에 모아둔 명함들을 꺼내서 흔들며 대답했다.

"아주 잘했어요. 아파트의 경우 대개 70~80%대로 경락잔금대출을
받을 수 있지만, 배당금을 받지 못하는 선순위 임차인이 있거나 특수
물건일 경우엔 대출받는 게 어려울 수 있어요. 또 국가의 부동산 정책
과 금리변동에 따라 경락잔금대출의 한도와 상환 방법 등이 달라질 수
있으니 입찰 전에 미리 대출에 대해 알아보는 게 좋습니다. 그런데 두
사람은 미리 알아보지 않았어요?"

"네, 사실 이번 물건이 중대형인 데다 가격이 세서 부담이 됐거든요.
미리 알아봤을 때 평범 씨가 직장인이라서 90%까지 대출을 받을 수
있다고 했어요(직장인이 아니어도 신용에 따라 90% 대출을 받을 수도 있다).
또 받은 명함에 적혀 있는 번호로 여러 군데 전화를 걸어 대출 비율과
이자율에 대해 물었는데요. 다행히 입찰 전에 알아봤던 것처럼 대출을
90%까지 받을 수 있대요. 물론 이자가 좀 세다는 게 아쉽지만요."

"잘했어요. 지혜 씨. 지금은 두 분이 가진 돈이 적기에 우선은 대출
을 받을 수 있을 만큼 받고, 일정금액을 상환한 뒤 차후에 이자를 다시

조율하는 방법도 있습니다."

평범과 지혜가 고개를 끄덕였다.

"그런데 여사님, 대금은 어디에 납부하는 건가요?"

"납부는 법원에 있는 은행에 가서 하면 됩니다. 일단 납부명령서를 가지고 은행에 가서 '법원보관금납부서'를 찾으세요. 이를 작성해 해당 금액과 함께 납부하면 됩니다. 또 대출을 받을 경우에는 대출업무 대행을 해주는 곳에서 대금납부 및 소유권 이전까지 해줍니다. 물론 추가 비용이 들겠죠."

tip

낙찰자가 기간 내에 잔금을 납부하지 못할 경우, 재경매가 진행된다. 그러나 낙찰자는 재경매 3일 전까지 납부하면 된다. 단 지연이자도 함께 납부해야 한다.

평범은 잠시 부모님 집에서 지내기로 하고 자신이 살고 있는 집의 주인에게 이야기해 자취방을 세놓았다. 전세가 귀하다고 했던 부동산 중개인의 말처럼 얼마 지나지 않아 세입자를 구할 수 있었다. 새로운 세입자가 한 달 이내에 이사를 들어오는 조건으로 계약이 완료되면서 잔금납부 준비까지 일사천리로 진행됐다.

"이제, 정말 중요한 것이 하나 남았네요. 바로 부동산을 인도받는 것입니다. 부동산경매의 절반이 인도받는 일이라고 해도 과언이 아니죠. 부동산을 인도받기까지 시일이 오래 걸린다면 그만큼 낙찰자 입장에서 비용이 많이 나가겠죠. 따라서 빠른 시일 내에 부동산을 인도받는 것이 좋습니다."

"네, 저도 부동산 관련 온라인 카페 같은 곳에서 명도가 어려웠다는 낙찰자의 경험담을 많이 읽었어요. 어떤 사람은 한 아파트를 급매가격보다 싸게 낙찰받았는데 나중에 이사비 명목으로 점유자에게 준 돈까지 계산하니 급매가격에 산 것보다 훨씬 더 많은 비용이 들었다며 허탈해하더라고요."

평범은 낙찰 후 인터넷 검색을 통해 얻은 정보를 이야기했다.

"네, 그런 일이 생길 수도 있지요. 입찰할 때와 마찬가지로 부동산을 인도받는 것 역시 낙찰자가 직접 알아서 해야 하는 것이기에 신경 써야 할 일이 한두 가지가 아닙니다. 하지만 여러 유용한 팁을 알아둔다면 점유자와 불쾌한 실랑이 없이 부동산을 쉽게 인도받을 수 있을 겁니다."

"팁이요?"

해당 아파트에 살고 있는 점유자를 만날 생각만 해도 긴장이 되던 평범에게 반가운 이야기였다.

"네, 지금부터 여러 가지 팁을 알려드릴 건데요. 다만 이를 활용하기 위해서는 조금 전에 설명한 낙찰 이후 법원의 진행절차를 잘 기억해야 합니다. 각 절차에 맞춰서 할 일이 따로 있기 때문이죠. 자칫 이 과정을 잘 몰라서 손해를 보는 일도 발생하니 반드시 기억해두세요."

●●● 순조로운 명도를 위한 준비

"부동산을 인도받으려면 먼저 지금 해당 부동산에 살고 있는 사람에게 연락을 취해야 합니다. 무작정 찾아가서 만날 수도 있겠지만 먼저 연락을 하고 가는 것이 좋습니다."

"그런데 연락처를 알 수 없는데 어떻게 연락하죠?"

지혜가 양팔을 들어 올리며 과도한 제스처를 취했다.

"임차인이나 점유자의 연락처를 알 수 있는 방법이 있어요, 지혜 씨. 법원에 가서 경매 서류 열람신청서를 작성해서 제출하면 관련 서류를 볼 수 있습니다. 서류에는 임차인의 임대차계약서 사본 등이 첨부되어 있는데 거기에 연락처가 기재되어 있지요."

"아, 그런 방법이 있군요. 그럼 그 서류는 언제부터 열람할 수 있나요?"

"일단 낙찰을 받으면 낙찰자도 이해관계인에 해당하므로 바로 서류를 열람할 수 있답니다. 부동산을 낙찰받고 일주일 뒤 매각허가결정이 나야 서류를 열람할 수 있다고 하는 분들도 있는데요. 낙찰자 입장에서는 가능한 한 빨리 점유자를 만나보는 게 좋겠지요."

"그건 왜 그런가요?"

지혜는 '가능한 한 빨리'라는 표현에 마음이 급해졌다.

"법원은 부동산이 매각된 날부터 일주일 동안 매각절차상에 문제가 없었는지, 낙찰받은 사람이 가격을 제대로 썼는지, 낙찰자 외에 더 높은 가격을 제시한 다른 사람은 없었는지, 혹은 낙찰받을 수 없는 사람이 낙찰받은 건 아닌지 등을 확인하는 절차를 거칩니다. 절차상 아무런 문제가 없으면 매각허가결정을 내리고요. 매각허가결정이 나기 전까지 이해관계자들은 이의신청을 할 수 있는데요. 낙찰자 역시 이해관계자에 포함되므로 이 사이 불허가 신청을 할 수도 있겠죠."

"어렵게 낙찰받고서 불허가 신청을 하는 낙찰자가 있나요?"

평범이 아주 의아하다는 표정을 지으며 물었다.

"그럼요, 평범 씨. 만약 이 기간 내에 낙찰자가 해당 부동산이 크게 훼손된 것을 알게 되었다거나 매각물건명세서에 기재되지 않은 인수되는 권리 등을 알게 되었다면 불허가 신청을 할 수 있어요. 이 기간 안에 신청해야만 불허가 시 입찰보증금을 돌려받을 수 있으니까요. 이러한 이유로 낙찰자는 되도록 이 기간 안에 별다른 사항이 없는지 해당 부동산을 찾아 다시 한 번 조사해볼 필요가 있습니다."

"그래서 되도록 빨리 점유자를 만나봐야 한다고 하셨군요."

나 여사의 설명을 듣고 나서야 이해가 된 평범이 대답했다.

"낙찰자가 불허가 신청을 하면 법원에서는 모두 받아주나요?"

지혜가 물었다.

"확실히 문제가 있다면 불허가결정이 납니다. 하지만 모두 받아주는 것은 아니에요."

"그런데 점유자와 연락이 닿지 않으면 어떻게 해야 하나요?"

지혜는 궁금한 것이 너무 많았다.

"해당 부동산에 직접 찾아가보고 문자도 남기면서 최대한 점유자와 연락을 취하려고 노력해야 합니다."

"만약 그렇게 했는데도 일주일 동안 점유자와 연락이 되지 않으면요?"

지혜와 평범은 낙찰받은 부동산에 살고 있는 점유자가 계속 연락을 피할 것만 같아 자꾸 걱정이 됐다.

"허가결정이 난 후에야 부동산에 큰 문제가 있다는 것을 알게 되었다면 매각허가결정 취소신청을 해야 합니다. 또 점유자가 낙찰자를 계속 피하면서 집을 인도해주지 않을 것을 대비해 반드시 인도명령신청을 해둬야 하고요."

"어머, 정말요? 저희는 아직 인도명령신청은 하지 않았는걸요. 어떡하죠?"

지혜가 깜짝 놀라서 물었다.

"걱정하지 말아요, 지혜 씨. 일반적으로 대출업무를 대행하는 곳에서 잔금을 납부하면서 인도명령신청도 함께 해줍니다. 간혹 미리 인도명령신청에 대해 이야기해두지 않으면 하지 않는 경우도 있으니 대출을 받을 때 인도명령신청까지 확인해두세요."

"그런데 인도명령신청이란 게 뭐죠?"

"인도명령신청은 낙찰자가 점유자로부터 부동산을 인도받지 못했을 경우 법원에 인도명령을 해달라고 요청하는 것을 말해요. 낙찰자가 점유자에 대해 인도명령신청을 하면 법원은 점유자가 인도명령대

상자인지 확인한 뒤 인도명령결정을 합니다. 인도명령결정을 받게 되면 나중에 점유자가 계속 부동산을 비워주지 않을

명도소송 : 부동산을 넘겨받기 위해 하는 소송

경우 법원에 집행신청을 해서 강제집행을 할 수 있죠. 단, 인도명령신청은 잔금을 납부한 지 6개월 이내에 해야 합니다. 만약 이 기간이 지나면 인도명령신청을 할 수 없고 집행신청도 할 수 없습니다. 그렇게 되면 따로 명도소송*을 해서 부동산을 인도받아야 하므로 비용도 많이 들고 많은 시간이 소요되겠죠. 따라서 나중에 집행을 하지 않는다 해도 인도명령신청은 미리 해두는 것이 좋습니다.”

인도명령신청 기간
- 잔금을 납부한 날로부터 6개월 이내에 해야 한다.
- 6개월이 경과하면 인도명령신청을 할 수 없고 명도소송을 해야 한다.
- 인도명령 효력은 신청인 및 상대방에게 인도명령결정 정본이 송달되어야 발생한다(송달이 되지 않으면 특별송달 혹은 공시송달을 하게 됨).
- 인도명령신청서는 대법원 법원경매정보 사이트에서 다운받아 사용할 수 있다.

인도명령의 집행(강제집행)
- 점유자가 인도명령에 따르지 않을 경우, 낙찰자는 경매법원의 집행관 사무소에서 인도명령의 집행을 신청할 수 있다.
- 인도명령결정 정본과 경매법원의 송달증명서를 첨부한 신청서를 집행관 사무소에 접수하면 된다.

02

마지막 관문,
부동산 인도

평범과 지혜는 다음날 법원의 민사신청과(경매계)에 방문했다. 해당 경매계장에게 이해관계자가 볼 수 있는 사건 관련 서류를 보고 싶다고 하자, 그는 열람신청서를 작성해 제출하라고 했다. 그들은 민사신청과에 비치된 열람신청서를 작성한 후 제출했다. 경매계장은 캐비닛에서 두꺼운 서류철을 꺼내 그들에게 주었다.

입찰 전 대법원 법원경매정보 사이트에서 볼 수 있던 감정평가서, 현황조사서 등이 보였고, 입찰 전에는 보지 못했던 몇 가지 서류들도 첨부되어 있었다. 특히 임차인의 주택임대차계약서 사본, 채무자의 연락처 등이 있었다. 지혜는 임차인의 연락처뿐만 아니라 혹시 모를 일에 대비하여 소유자의 연락처와 경매를 신청한 은행 연락처도 메모했다.

법원에서 나온 평범은 나경매 여사가 일러준 대로 임차인에게 문자를 보냈다.

"안녕하세요? 저는 101호를 부동산경매로 낙찰받은 김평범입니다. 편안하신 시간에 찾아뵙고 싶어서 연락을 드렸습니다. 괜찮으시다면 연락주시기 바랍니다."

문자를 보낸 지 30분쯤 지났을 무렵 임차인에게서 전화가 왔다. 평범이 정중한 말투로 찾아뵙겠다고 하자, 임차인은 예상과 달리 흔쾌히 주말에 시간이 된다며 집으로 오라고 했다. 평범은 감사하다고 인사하며 전화를 끊었다. 임차인에게 문자를 보내기 전부터 떨렸던 둘은 전화를 끊고 나서야 겨우 한숨을 쉬었다. 평범은 어려운 숙제를 하나 끝낸 기분이었다. 불안한 마음이 완전히 가시지는 않았지만 한편으론 용기를 내어 해야 할 일을 하고 있는 자신이 기특하기까지 했다.

약속했던 주말, 평범과 지혜가 해당 아파트를 찾았다. 전화통화를 했을 때와는 달리 임차인은 어두운 표정으로 그들을 맞이했다. 그럼에도 그들이 내부를 둘러볼 수 있게 허락해주었다. 집 안 내부는 그들이 생각했던 것보다 훨씬 괜찮았다. 내심 다행이라는 생각을 하며 그들은 임차인과 마주하고 거실 소파에 앉았다. 임차인은 그들에게 음료수를 건네고는 그의 사정에 대해 이야기하기 시작했다. 임대차계약을 할 당시 전 소유주가 전세금을 받으면 그 돈으로 등기부에 등기되어 있는 채무를 모두 갚겠다고 했는데, 소유주가 계속 약속을 이행하지 않아 그동안 많이 힘들었다고 했다. 몇 년간 마음고생을 했을 임차인의 사정을 직접 들으니 평범은 마음이 편치 않았다. 그런 상황에서 이사를 나가야 한다는 말을 꺼내야 하는 입장이 난처하기만 했다. 괜히 낙찰받은 건 아닌지 조금씩 후회감이 몰려오고 있는 그때, 임차인이 청천벽력 같은 이야기를 꺼냈다.

"저는 전 소유자를 상대로 소송을 진행할 겁니다. 소송이 끝날 때까지는 집을 비워줄 수 없습니다."

단호한 그의 말에 뒤통수를 한 대 얻어맞은 느낌으로 평범은 잠시 생각했다. 임차인의 사정이 딱한 것은 알겠지만 낙찰자의 사정은 조금도 배려하지 않고 집을 비워주지 않겠다는 임차인도 문제가 있는 게 아닌가? 얼굴이 붉게 달아오른 평범을 보며 지혜가 눈을 찡긋거렸다. 그때서야 나경매 여사가 몇 차례나 당부했던 이야기가 떠올랐다.

"첫날은 그냥 집안 내부만 잘 둘러보고 임차인이 어떤 말을 하더라도 화를 내지 말고 이야기를 잘 듣고 오세요."

결국 평범과 지혜는 임차인에게 일단 생각해보겠다는 말을 남기고 자리에서 일어났다. 아파트에서 나온 둘은 앞으로의 일이 까마득하기만 했다. 평범이 살고 있던 집은 이제 다른 사람이 들어오기로 계약이 되었고, 기약 없이 부모님 집에 얹혀서 지낼 수만도 없는 노릇이었다. 무엇보다 계속 대출이자를 납부하면서 이사도 하지 못하는 상황을 상상해보니 끔찍하기까지 했다. 평범의 굳은 표정을 살피던 지혜가 나경매 여사에게 전화를 걸어 상황을 이야기하고 도움을 구해보자고 했다.

임차인과의 만남에 대해 상세한 이야기를 들은 나경매 여사가 마침내 입을 열었다.

"임차인이 소송을 하겠다는 말 때문에 걱정하는 거라면 그럴 필요 없어요."

그들의 걱정과 달리 나 여사는 담담한 말투였다.

"소송은 시간이 굉장히 많이 소요된다고 하지 않으셨나요? 그 사이 저희는 대출이자도 감당해야 하고 신혼집도 따로 구해야 할 거예요. 어떻게 걱정이 안 되겠어요."

평범은 나경매 여사가 본인 일이 아니라고 저렇게 태평스러울 수 있나 싶어 서운한 마음이 들었다.

"네, 소송엔 많은 시간이 소요되죠. 하지만 그 소송은 임차인이 소유자에게 자신이 손해 본 임차보증금을 돌려받으려고 하는 소송이에요. 특히 임차인은 후순위라서 배당금으로 얼마를 받든 우선적으로 낙찰자에게 집을 비워줘야만 합니다. 손해 본 임차보증금에 대해 소송하는 것이라면 굳이 지금 집에 거주하면서 해야 할 이유도 없고요. 다른 곳으로 이사를 가서도 얼마든지 소송을 할 수 있어요. 이러한 사실을 임차인에게 잘 설명해주면 될 것 같습니다."

나경매 여사의 설명을 듣고 난 평범은 답답했던 가슴이 뻥 뚫리는 느낌이었다.

"그렇다면 정말 다행이네요! 저는 '그냥 입찰보증금을 포기해야 하나'라는 생각까지 했거든요."

"처음에는 모든 것이 어렵게 느껴지고 작은 문제만 생겨도 막막하게 느껴질 거예요. 하지만 부동산 인도는 어떻게 하면 서로 얼굴 붉히지 않고 순조롭게 처리할 수 있는지 그 정도의 차이만 있을 뿐, 아주 특별한 경우가 아니라면 언젠가는 끝나는 일이랍니다. 그러니 처음에는 좀 힘들어도 이 모든 것이 하나의 과정이라고 생각하고 너무 큰 부담은 갖지 않았으면 해요."

"네, 알겠습니다. 저희 입장을 잘 정리해서 임차인에게 기분 나쁘지 않게 설명해볼게요."

통화를 마친 평범은 임차인에게 전화를 했다. 그러나 임차인은 전화를 받지 않았고 다시 전화를 걸어오지도 않았다. 문자메시지도 남겼지만 답변이 없었다. 그렇게 며칠이 지났으나 임차인은 감감무소식이었다. 일주일 정도 지났을 무렵, 평범은 임차인이 의도적으로 그들을 피한다는 생각이 들어 나 여사에게 다시 전화를 걸었다.

"부동산을 인도받을 때 힘든 경우 중 하나는 점유자가 법에 대해 잘못 알고 있을 때이고, 다른 경우는 처음부터 낙찰자와 대화를 하지 않으려는 점유자가 있을 때입니다. 이럴 때는 법률에 관한 내용과 낙찰자의 입장을 기분 나쁘지 않게 점유자에게 전달할 수 있는 좋은 방법이 있습니다. 바로 내용증명*을 활용하는 것이죠."

"내용증명이요?"

"네. 그렇습니다. 점유자가 알아두어 야 할 사항들을 정리해서 내용증명으로

> 내용증명 : 우체국을 통해 우편물의 내용을 증명할 수 있는 제도

보내는 것이죠. 다만 내용증명을 받는 상대방이 불쾌하지 않게 작성하는 것이 중요합니다. 이런 내용증명은 반드시 잔금을 치르고 소유권을 획득한 이후에 보내야 하고요."

••• 효과 만점 내용증명 작성하기

내용증명

발신인 주소 : 서울시 성북구 행복동 행복한 마을 302호
성 명 : 김평범

수신인 주소 : 서울시 성북구 소망 아파트 101호
성 명 : 송차인

[부동산의 표시]
서울시 성북구 소망 아파트 101호

발신인은 사건번호 2015타경 298××를 20××년 ×월 ××일 낙찰받고 대금 납부 및 소유권 이전을 완료한 최고가매수인입니다. 수신인과 면담 후 몇 번이고 연락을 했지만 연락이 없어서 아래와 같이 서면으로 저희의 입장과 계획을 전달하고 귀하의 협조를 구하고자 본 내용증명을 발송하오니 빠른 시일에 연락주시길 바랍니다.

아래에 기재된 모든 법적 절차는 원만한 합의가 이루어지지 않았을 경우를 가정하고 기재한 것이오니 양해해주시기 바랍니다.

– 아래 –

1. 본인은 귀하와 원만하게 명도 부분이 협의되길 원합니다. 그러나 귀하가 본 내용증명을 수신한 후에도 7일 이내에 연락이 없을 경우 본인과 협의할 의사가 없는 것으로 간주하고, 귀하를 상대로 부동산 인도집행*(강제집행)을 신청할 예정입니다. 이와 관련하여 소요되는 소송 비용 및 부동산 인도집행비용 일체는 귀하에게 다시 청구될 수 있음을 알려 드립니다.

2. 또한 명도소송 외에도 귀하가 본인의 소유권 이전일로부터 상기 부동산을 인도할 때까지 무상으로 사용한 부분에 관하여 월 사용료(부동산의 감정가격×월 1%) 및 지연이자에 대한 부당이득금반환청구*의 소를 제기할 수 있음을 알려드립니다.

※ 귀하는 법적으로 대항력이 없는 임차인이므로 소유권 이전일로부터 보증금 없는 임대료 상당의 금액을 낙찰자에게 지급할 의무가 있습니다.

3. 귀하가 배당기일에 배당을 받기 위해서는 낙찰자의 명도확인서* 및 인감증명서가 반드시 필요합니다. 본인은 상기 부동산을 인도받는 즉시 명도확인서 및 인감증명서를 드릴 것을 약속드립니다.

4. 위 내용에 의문이 있으시거나 잘못된 점이 있다고 생각된다면 아래의 연락처로 즉시 연락주시기 바랍니다.

5. 아래 사항들은 부동산경매 시 점유자의 입주지연에 따른 손해배상청구에 관한 내용입니다. 내용을 확인하시고 불측의 손해를 예방하시기 바랍니다.

인도집행(강제집행) : 법원의 집행관을 통해 부동산이나 사물을 점유자로부터 넘겨받는 것. 점유자의 의사에 반하여 강제적으로 하는 것이어서 강제집행이라고도 한다.

부당이득금반환청구 : 타인이 자신의 자산 등에서 부당으로 이득을 취한 금액을 반환받기 위해 법적으로 청구하는 것

명도확인서 : 부동산을 점유자로부터 넘겨받았다고 확인해주는 확인서

※ 입주지연에 따른 손해배상청구에 관한 사항들

- 매수인은 대금잔금납부 후 임차인으로 인한 입주지연에 따른 손해배상청구를 할 수 있다. 배당받는 임차인이 있는 경우 배당표가 확정된 이후의 사용·수익에 의해 발생한 손해이며 임차인의 명도저항으로 명도소송을 해야 할 경우 소송비용은 임차인이 부담해야 한다.
- 대항력이 없는 임차인인 경우 매수인이 매각대금을 납부한 이후부터 주택을 인도해줄 때까지 사용·수익에 대한 임료 상당의 부당이득반환의무가 있다. 월차임이 있는 경우라면 종전의 임대차가 유지되므로 매수인에게 매각대금지급기일 이후부터 차임을 지급해야 한다.
- 일부만 배당받은 대항력 있는 임차인의 경우 배당받지 못한 보증금에 대한 임대차는 지속되며 배당받은 금액만큼의 사용·수익한 차임에 대하여는 매수인에게 부당이득반환의무를 가지게 된다.
- 대항력이 있는 임차인이 배당요구를 하여 매각대금으로부터 배당을 받게 된 경우 특별한 사정이 없는 한 임차인이 그 배당금을 지급받을 수 있는 때, 즉 임차인에 대한 배당표가 확정될 때까지는 임차권이 소멸하지 않는다. 따라서 임차인은 배당금을 지급받을 수 있는 때까지 주택을 사용·수익한 부분에 대해서는 부당이득반환의무가 없으며 명도를 거절할 수 있다.
- 대항력 있는 임차인이 배당표가 확정된 이후에도 사용·수익을 지속한다면 그 부분에 대한 차임 상당의 부당이득반환의무를 가지게 된다.

20××년 ××월 ××일 발신인 김평범
연락처 : 010-××××-××××

참조_《독학 경매1, 2》(박수진 저, 다산북스)

평범과 지혜가 보낸 내용증명이 임차인에게 도달한 지 3일쯤 지났을 무렵, 임차인으로부터 연락이 왔다. 월차임과 지연이자 등을 받겠다는 내용이 담긴 내용증명서를 받아 기분이 좋지 않다고 말했지만, 임차인은 그들에게 되도록 빨리 집을 비워주겠다며 늦어도 그 달 말일을 약속했다. 그는 자신이 손해 본 것만 생각하고 낙찰자에게 피해주는 것은 전혀 생각해보지 못했다고 했다. 그와 통화를 마친 평범은 부동산경매도 다 사람과 관련된 일이라는 것을 새삼 느꼈다. 어려운 고비는 넘겼다는 생각을 하며 평범은 지혜에게 전화를 걸었다.

"임차인이 늦어도 이번 달 말일까지는 집을 비워주기로 했어."

"뭐? 그렇게 빨리? 정말 잘됐다. 평범 씨, 그동안 정말 수고가 많았어."

"응, 고마워! 자기도 그동안 고생 많았지."

전화를 끊고 난 평범은 감격스럽기까지 했다. 부동산경매를 배우기 전까지는 상상도 해보지 못한 일을 지금 그가 하고 있는 것이었다. 시세보다 7,000만 원이나 싼 가격에 중대형 아파트를 낙찰받았고, 그 어렵다는 명도도 생각보다 쉽게 마무리되어 한 달 안에 부동산을 인도받게 된다. 이사비 명목의 비용도 들이지 않고 모든 일이 순조롭게 해결된 것이다.

불과 3개월 전만 해도 부모를 원망하면서 집 한 칸 마련할 수 없는 신세를 한탄하던 평범은 이제 부자가 되는 방법을 연구하고 이에 대해 열심히 공부해서 실천한다면 반드시 만족할 만한 결과를 얻을 수 있다는 믿음을 갖게 됐다. 이것이야말로 무엇보다 소중한 변화였다. 앞으로 지혜와 함께 삶을 보다 적극적으로 살아야겠다는 다짐도 했다.

●●● 임차인이 이사 가던 날

임차인의 이삿날 아침, 평범은 일찍 일어나 소망 아파트로 향했다. 도착해 보니 이미 이삿짐센터 직원들이 분주히 짐을 나르고 있었다. 열려 있는 현관문을 살짝 두드리니 거실에 서 있던 임차인이 그를 반기며 들어오라고 했다.

"김 선생, 준비해왔어? 여기 이삿짐을 모두 싸기 전에 법원에 다녀와야 할 것 같아."

임차인은 마음이 초조한지 담배 한 개비를 꺼내어 입에 물었다.

"네, 가져왔습니다. 여기요."

평범은 자신의 인감도장이 찍힌 명도확인서를 내밀었다.

"고마워. 이것만 들고 가면 되나?"

"아니요. 이것도 가져 가셔야 해요."

평범은 가방에서 인감증명서를 꺼내 그에게 건넸다.

"고맙네. 그럼 내가 법원에 갔다 오는 동안 여기 좀 부탁하겠네."

임차인은 서둘러 채비를 마치고 평범이 건넨 명도확인서와 인감증명서를 챙겨 집을 나섰다. 법원에서 자신이 받을 수 있는 배당금을 받기 위해서였다.

며칠 전, 평범에게 임차인이 전화를 했다. 이사 당일 오전에 배당금을 받아야 이사를 가자마자 잔금을 치를 수 있는데, 그에게는 이사를 지켜봐줄 가족이 없다고 했다. 그러니 이삿짐을 나르는 동안 명도확인서를 줄 수 있는지 물었다. 명도확인서는 반드시 임차인이 이삿짐을 모두 싼 것을 확인한 후 줘야 한다고 배웠던 평범은 뭔가 찝찝한 마음에 나경매 여사에게 문의했다. 나 여사는 임차인 입장에서는 이삿짐을 싸는 동안 미리 명도확인서를 받아 법원에 가는 것이 좋기에, 그가 이사 나가는 것만 확실하다면 그렇게 해도 된다고 했다.

임차인이 법원으로 떠난 후 물끄러미 서서 이삿짐이 포장되는 것을 지켜보던 평범에게 갑자기 '혹여 임차인이 배당금을 받은 후에 이사를 가지 않겠다며 짐을 다시 내려놓으면 어떡하나' 하는 불안감이 엄습했다. 그는 이삿짐을 정리하고 있는 인부 한 명에게 다가가 슬쩍 임차인이 어디로 이사를 가는 건지 물었다. 정확한 지역과 동네를 듣고 나서야 평범은 한숨을 돌렸다. 임차인에겐 미안한 일이지만 모든 것이 처음인 그는 명도확인서를 건넬 때도 손에 땀이 날 정도로 긴장이 되었던 것이다.

tip
임차인이 배당기일에 배당금을 받지 않고 다른 날짜에 배당금을 수령하게 된다면 미리 법원에 문의해서 이사 당일 수령이 가능한지 알아봐야 한다. 또 이삿날을 잡을 때는 주말은 피하는 것이 좋다.

얼마 후 법원에서 배당금을 잘 받았다는 임차인의 전화를 받았다. 집으로 돌아온 그는 관리실에 가서 관리비까지 정산해주었다.

"이렇게 만난 인연이라 아쉽긴 하다만 결혼 잘하고 행복하게 살게, 김 선생."

이삿짐을 실은 대형 트럭이 떠나고 자가용을 몰며 그 뒤를 따르는 중년의 임차인 모습이 쓸쓸해 보여 마음이 편치 않았다. 그는 자신의 전세 보증금액 중 많은 금액을 받지 못했다. 하지만 소송을 통해 전 소유자로부터 받지 못한 돈을 꼭 돌려받겠다는 그의 바람이 꼭 이뤄지길 평범은 잠시 기도했다.

모든 짐이 나간 텅 빈 집은 생각보다 크고 넓었다. 그제야 평범은 안도의 한숨을 길게 내쉬었다.

'아, 드디어 신혼집을 마련했다.'

그는 휴대전화를 꺼내 지혜에게 전화를 걸었다. 수화기 너머 그녀의 들뜬 목소리가 들려왔다.

"정말, 다 끝난 거야? 수고 많았어, 평범 씨. 뭔가 아직 실감이 안 나네. 수업 끝나자마자 달려갈게. 어서 보고 싶다!"

앞으로 매월 빠져나갈 대출이자가 부담스러운 건 사실이다. 하지만 이렇게 생각지도 못했던 넓고 깨끗한 아파트를 급매가격보다 훨씬 싸게 구할 수 있었던 것은 부동산경매를 했기에 가능한 일이었다. 일생을 살면서 나와 상관없는 분야라고 생각하며 그냥 지나치고 오히려 회의적으로 바라봤는데, 이를 통해 이렇게 신혼집까지 마련하게 되니,

감회가 새로웠다.

　평범은 준비해간 청소 도구를 꺼내 여기저기를 쓸고 닦았다. 열심히 청소를 하다 보니 시간이 얼마 지난 것 같지 않은데도 벌써 날이 어둑어둑해졌다. 거실 창밖으로 나뭇가지들이 바람에 흔들리고 있었다. 지혜가 아이디어를 낸 것처럼 방 하나를 공부방으로 꾸며 아이들에게 영어를 가르치고 있는 그녀의 모습을 떠올려봤다. 이 집에서 시작할 둘 만의 결혼생활이 기대됐다.

　그때 '딩동, 딩동!' 현관벨 울리는 소리가 들렸다. 현관문을 열자, 지혜가 환한 미소와 설레는 표정으로 들어왔다. 평범은 두 팔을 벌려 그녀를 안으며 말했다.

　"지혜야! 이제 우리 결혼하자!"

* 이 이야기의 모티브가 된 물건의 실제 주인공은 임차인이 이사를 나가고 얼마 후, 아파트를 급매가격에 매도하여 괜찮은 시세차익을 얻었다.

부동산경매 돋보기

★ 낙찰 이후 전 과정

1. 매각기일
- 법원에서 경매부동산을 매각하는 날인 동시에 입찰하는 날이다.
- 입찰자가 낙찰자가 되면 입찰보증금 영수증을 받는다. 패찰자는 그 자리에서 보증금을 즉시 돌려받는다.

2. 매각결정기일
법원은 매각기일(입찰일)로부터 1주일 이내에 매각허가결정을 하게 되는데, 이를 매각결정기일이라고 한다.

3. 매각허가에 대한 이의
- 민사집행법 121조에 해당하는 사유가 있을 경우, 이해관계인은 매각허가에 대한 이의신청을 할 수 있다. 이의는 구두나 서면으로 하면 된다.
- 이의신청은 매각허가결정의 선고 전까지 해야 한다.
- 경매개시결정에 대한 이의신청은 매각대금을 납부하기 전까지 할 수 있다.

민사집행법(제121조-매각허가에 대한 이의신청 사유)

- 강제집행을 허가할 수 없거나 집행을 계속할 수 없을 때
- 최고가매수신고인에게 부동산을 매수할 능력이나 자격이 없을 때
- 부동산을 매수할 자격이 없는 사람이 최고가매수신고인을 내세워 매수신고를 한 때
- 최고가매수신고인, 그 대리인 또는 최고가 매수인신고인을 내세워 매수신고를 한 사람이 제108조* 각호 가운데 어느 하나에 해당되는 때
- 최저매각가격의 결정, 일괄매각의 결정 또는 매각물건명세서의 작성에 중대한 흠이 있을 때
- 천재지변 혹은 그 밖에 자기가 책임을 질 수 없는 사유로 부동산이 현저하게 훼손된 사실 또는 부동산에 관한 중대한 권리관계가 변동된 사실이 경매절차의 진행 중에 밝혀진 때
- 경매절차에 그 밖의 중대한 잘못이 있는 때

민사집행법 제108조(매각장소의 질서유지)

집행관은 다음 각호 가운데 어느 하나에 해당한다고 인정되는 사람에 대하여 매각장소에 들어오지 못하도록 하거나 매각장소에서 내보내거나 매수신청을 하지 못하도록 할 수 있다.

1. 다른 사람의 매수신청을 방해한 사람
2. 부당하게 다른 사람과 담합하거나 그 밖에 매각의 적정한 실시를

방해한 사람

3. 제1호 또는 제2호의 행위를 교사한 사람

4. 민사집행절차에서의 매각에 관하여 형법 제136조·제137조·제140조·제140조의2·제142조·제315조 및 제323조 내지 제327조에 규정된 죄로 유죄판결을 받고 그 판결확정일부터 2년이 지나지 아니한 사람

출처 : 민사집행법 일부개정 2015.05.18 [법률 제13286호, 시행 2015.11.19]

법무부 〉 종합법률정보 법령

4. 매각불허가결정을 하는 경우

- 이해관계인의 이의가 정당하다고 법원이 인정한 경우
- 직권으로 매각불허가를 할 사유가 있을 때
- 과잉매각*인 경우
- 집행정지결정 정본이 제출된 경우
- 무잉여*경매인 경우 : 우선채권*을 넘는 가격으로 매수하는 자가 없을 경우 경매신청권자가 일주일 동안 충분한 보증

과잉매각 : 경매신청자가 청구하는 금액을 과도하게 넘어서는 만큼의 숫자 혹은 양의 부동산이나 재산이 처분되는 것

무잉여 : 경매신청자에게 배당되는 금액이 전혀 없는 것. 즉 이익이 전혀 없는 것

우선채권 : 다른 채권보다 권리가 앞서는 채권

금을 제공하면서 매수신고를 하지 않는다면 그 경매절차는 취소된다.

5. 매각불허가결정이 확정된 경우

• 매각불허가결정이 확정되면 낙찰자가 입찰보증금을 환급 신청하여 돌려받을 수 있다.
• 경매계에서는 환급계좌번호로 보증금을 환급해준다.
• 매각이 불허된 경우, 다시 경매가 진행되거나 경매 자체가 취소되기도 한다.

6. 매각허가결정의 취소신청

• 부동산이 현저히 훼손되었거나 중대한 권리관계가 변동되었는데 낙찰자가 이를 모르고 있는 상황에서 매각허가결정이 확정했다면 낙찰자는 대금을 낼 때까지 매각허가결정 취소신청을 할 수 있다.
• 대금납부를 했으나 배당 전인 경우 납부한 대금의 반환을 청구할 수 있다. 배당 후라면 배당받은 채권자들에게 부당이득금반환청구를 해야 한다.

7. 즉시항고

• 매각허가에 대한 이의신청이 있고 그 내용이 정당하다고 인정되

면 매각이 불허된다. 이의신청이 인정되지 않으면 이해관계인은
매각허가결정에 대한 즉시항고를 할 수 있다.
• 단, 즉시항고는 매각결정기일로부터 일주일 내에 제기해야 한다.

★ 부동산 인도 시 유의사항

1. 명도확인서

임차인이 배당을 받기 위해서는 낙찰자에게 명도확인서를 받아 법원
에 제출해야 한다. 부동산을 낙찰자에게 인도했다는 확인서가 필요
한 것이다. 이 확인서에는 낙찰자의 인감도장이 날인되어야 하며, 낙
찰자의 인감확인증명서도 함께 제출해야 한다.

2. 임차인이 배당받을 시 주의사항

• 임차인이 배당기일이 아닌 날짜에 배당금을 받으러 가야 할 때는
당일 배당금 수령이 가능한지 미리 해당 경매계에 전화로 문의를
한 뒤 법원에 방문하는 것이 좋다.
• 낙찰자는 임차인이 이사 가기로 한 날에 배당금을 받을 수 있는지
확인한 후 날짜를 잡는 것이 좋다. 만약 임차인이 이삿날 배당금을
받지 못할 경우 두 사람 모두 난처한 입장이 될 수 있기 때문이다.

3. 임차인이 배당금 수령 시 명도확인서가 필요 없는 경우

- 대항력 있는 임차인이 임차보증금액 중 일부만 배당받는 경우
- 낙찰자로부터 명도확인서를 받지 못했지만 이미 부동산을 인도했음을 증명할 수 있는 경우
- 대지만 매각이 되어 그 대지의 매각대금으로부터 배당받는 임차인인 경우
- 부도임대주택의 임차인이 매수인과 새로이 임대차계약을 체결한 경우

4. 체납 관리비

- 임차인과 이사 협상 시 관리비에 대해서도 함께 협상해야 한다.
- 점유자가 관리비를 내지 않는 경우 집합건물의 공용관리비는 낙찰자가 인수한다.
- 체납 관리비 중 3년분의 원금에 한해서만 인수하며 연체료는 포함되지 않는다.

5. 인도명령의 집행(강제집행)

- 점유자가 인도명령에 따르지 않을 때 낙찰자는 집행관에게 그 집행을 위임하여 집행관으로 하여금 민사집행법 제258조에 따라 인도집행을 하도록 한다(민집 제136조 6항 참조).
- 인도명령의 집행을 원할 경우 낙찰자는 인도명령결정 정본과 경매법원의 송달증명서를 첨부한 신청서를 집행관 사무소에 접수해 인도집행을 위임한다.

명 도 확 인 서

사건번호 :

이 름 :

주 소 :

위 사건에서 위 임차인은 임차보증금에 따른 배당금을 받기 위해 매수인에게 목적 부동산을 명도하였음을 확인합니다.

첨부서류 : 매수인 명도확인용 인감증명서 1통

년 월 일

매 수 인   (인)

연락처(☎)

지방법원   귀중

※ 유의사항
1) 주소는 경매기록에 기재된 주소와 같아야 하며, 이는 주민등록상 주소여야 한다.
2) 임차인이 배당금을 찾기 전에 이사를 하기 어려운 실정이므로, 매수인과 임차인 간에 이사날짜를 미리 정하고 이를 신뢰할 수 있다면, 임차인이 이사하기 전에 매수인이 명도확인서를 작성해줄 수도 있다.

6. 점유이전금지가처분*신청

낙찰자 입장에서 대금을 납부하고 소유권 이전을 했음에도 부동산을 인도받지 못할 경우 큰 낭패일 수 있다. 점유자가 끝까지 집을 비워주지 않는다면 어쩔 수

> 점유이전금지가처분 : 부동산경매 물건 낙찰자의 부동산인도나 명도 청구권을 보전하기 위해, 점유자가 낙찰자가 아닌 제3자에게 해당 부동산의 점유이전을 금지하는 제도

없이 강제집행을 해야 하는데 이를 위해서는 먼저 인도명령 결정이 나야 하고 그 결정 정본이 점유자와 낙찰자에게 송달되어야 한다. 강제집행 역시 강제집행신청이 우선되어야 한다. 인도명령결정이 나기 전에 점유자가 바뀌거나 다른 제3자에게 임대를 놓은 경우 등에 해당되면 부동산을 인도받는 데 어려움이 따른다. 또 강제집행을 했지만 그 대상자가 재점유한 경우라면 바로 강제집행을 하지 못하고 다시 인도명령절차를 거쳐야 하는 번거로움이 생긴다. 이를 미연에 방지하기 위해 해두는 조치가 바로, 점유이전금지가처분이다

참조_ 《독학 경매 2》(박수진 저, 다산북스)

**부동산경매
어렵지 않아요**

ⓒ 박수진, 2016

2016년 5월 3일 초판 1쇄 발행
2017년 5월 15일 초판 4쇄 발행

지은이 | 박수진
발행인 | 이원주
책임편집 | 박나미
책임마케팅 | 조아라

발행처 | (주)시공사
출판등록 | 1989년 5월 10일(제3-248호)
브랜드 | 알키

주소 | 서울시 서초구 사임당로 82(우편번호 06641)
전화 | 편집(02)2046-2896 · 마케팅(02)2046-2883
팩스 | 편집 · 마케팅(02)585-1755
홈페이지 | www.sigongsa.com

ISBN 978-89-527-7607-5   03320

알키는 ㈜시공사의 브랜드입니다.